나를 힘들게 한 건 언제나 나였다

인간관계론·데일 카네기의 마음 성장 수업

나를
힘들게 한 건
언제나 나였다

김지영 옮김
데일 카네기 지음

다시, 데일 카네기를 읽는 이유

앞날이 뿌옇게 느껴질 때, 인간관계에 대해 회의가 엄습할 때, 책장 한 편 카네기의 책을 다시 펼친다.

데일 카네기Dale Carnegie.

처세술에 관심이 없는 사람이라도 한 번쯤은 들어보았을 이름일 것이다. 20세기의 가장 유명한 자기계발 멘토인 그는 처세를 말하되, 가면을 쓰라고 하지 않는다. 위악을 말하지도 않는다. 또한 남들이 말하는 '성공의 길'에 당신의 인생을 끼워 맞추지 말 것을 당부한다. '나답게 사는 것', 그것은 데일 카네기 자신의 성공 비결이기도 했다.

그렇다. 그가 말하는 성공의 열쇠는 '충실'에 있다. 상대에게 충실할 것, 자신에게 충실할 것, 그리고 지금 이 순간에 충실할 것.

타인을 바르게 대하는 방법을 알고 실천한다면 남의 반응에 쩔쩔매거나 상처받거나 억눌릴 필요가 없다.

자신에게 솔직하고 지금에 충실하게 살아간다면 걱정하거나 우울할 일이 줄어든다. 설거지를 하는 사소한 행동에서도 행복을 느낄 수 있게 된다.

카네기가 말하는 '처세'란 인간관계의 기술인 동시에 나를 자유롭게 하는 기술이다.

———

이 책을 위대하게 만드는 힘은
'사람에 대한 사랑'이다.

톰 버틀러 보던 Tom Butler-Bowdon

———

카네기의 저서들은 경쟁 사회를 살아가는 오늘날 개개인의 인생에 관한 따뜻한 시선, 사람의 본성에 대한 믿음으로 가득 차 있다. 그가 권하는 것은 삶에 대한 진실한 태도이다. 가벼이 읽히지만, 결코 가볍지 않다. 어디로 가야 할지 헷갈릴 때 우리를 다시 기본으로, 원래의 궤도로 되돌려놓는다.

　세상에 지치고 사람으로 고달픈 당신에게 다시 데일 카네기를 권하는 이유이다.

목차
——

PART 01

어제는 후회되고
내일은 걱정된다면

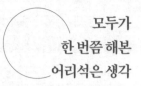

01

모두가
한 번쯤 해본
어리석은 생각

나는 과거를 생각하지 않습니다. 중요한 것은 끝없는 현재뿐이지요.
I don't think of the past. The only thing that matters is the everlasting present.
/ 윌리엄 서머셋 모옴 William Somerset Maugham

이 글을 쓰는 지금, 창밖으로 우리 집 정원의 공룡 화석들이 보인다. 예일대학교 피바디 박물관에서 구입한 것들로, 박물관의 큐레이터는 편지를 통해 그 화석들이 1억 8천만 년 전에 만들어진 것이라고 알려주었다.

어떤 바보라도, 1억 8천만 년 전으로 돌아가 이 화석들을 바꿔놓겠다는 생각은 하지 않을 것이다.

180초 전에 일어난 일을 걱정하며 전전긍긍하는 것은 1억 8천만 년 전으로 되돌아가 화석을 바꾸겠다는 생각 못지않게 바보 같다. 문제는 우리 대부분이 과거를 되돌리고 싶다는 그런 바보 같은 생각을 한다는 것이다.

이미 일어난 일의 결과를 바꾸기 위해 무언가를 할 수는 있다. 하지만 일어난 일 그 자체를 바꾸는 것은 불가능하다.

과거가 건설적일 수 있는 유일한 방법은 과거의 실수를 차분하게 분석하고, 교훈을 얻은 다음, 잊어버리는 것이다.

◑ 톱밥에 톱질하지 마라

나는 〈필라델피아 불러틴Philadelphia Bulletin〉의 편집장이었던 고故 프레드 풀러 셰드Fred Fuller Shedd 같은 사람을 항상 존경해왔다. 그는 오래된 진리를 새롭고도 생생하게 표현하는 재능을 가진 사람이었다.

대학 졸업반 학생들을 대상으로 진행한 어느 강연에서 셰드는 이렇게 물었다.

"톱으로 나무를 잘라본 사람 있나요? 손 한번 들어보세요."

대부분의 학생이 손을 들었다. 그가 또 물었다.

"그럼, 톱으로 톱밥을 잘라본 사람 있나요?"

이번엔 아무도 손을 들지 않았다.

"당연합니다. 톱으로 톱밥을 자를 수 없는 일이죠!"

이어 그는 큰 소리로 말했다.

"톱으로 이미 나무를 잘랐기에 톱밥이 있는 것이니까요. 과거도 마찬가지입니다. 이미 지나간 일, 벌써 저지른 일을 가지고 걱정하기 시작한다면, 그건 톱밥에 톱질을 하고 있는 것과 다름없습니다."

야구계의 거장 코니 맥Connie Mack, 메이저리그 감독으로서 3천 승 이상을 기록하였으며 1937년 명예의 전당에 올랐다이 81세였을 때, 그에게 패배한 경기를 걱정한 적이 있었는지 질문한 적이 있다. 맥은 이렇게 답했다.

"물론이죠, 자주 그랬어요. 하지만 오래전에 그 바보 같은 짓을 그만뒀죠. 그래 봤자 아무 소용 없다는 것을 깨달았거든요. 이미 흘러간 물로 물레방아를 돌릴 수 없으니까요."

◗ 받아들여야만 하는 이유

중국의 철학자 린위탕林語堂의 산문집『생활의 발견』에는 다음과 같은 구절이 나온다.

"진정한 마음의 평화는 최악의 상황을 받아들이는 데서 비롯된다. 그것은 심리적인 에너지의 해방을 의미한다."

바로 그것이다!

최악의 상황을 받아들일 때, 우리는 더 이상 잃을 것이 없게 된다. 잃을 것이 없다는 것은 자동적으로 이제 얻을 일밖에 남지 않았음을 의미한다.

02

내일 일은
걱정하지 말 것

나는 미래에 대해 생각하는 법이 없다. 어차피 곧 닥치니까.

I never think of the future. it comes soon enough.

/ 알버트 아인슈타인 Albert Einstein

오래전, 무일푼의 철학자가 가난한 자들이 사는 어느 황량한 고장을 배회하고 있었다. 어느 날 철학자가 언덕 위에 오르자 사람들이 그를 둘러쌌고, 그는 누구나 한 번쯤 들어보았을, 역사상 가장 널리 회자될 구절을 그들에게 들려주었다.

그러므로 내일 일을 생각하지 마라. 내일 일은 내일 생각할 것이요, 한 날의 괴로움은 그날로 족하니라. 마태복음 6장 34절

그렇다. 그 철학자는 바로 '예수'이다. 그러나 대부분의 사람들

이 예수의 "내일 일을 생각하지 마라."라는 말을 제대로 받아들이지 않는다. 사람들은 예수의 이 말씀을 신비주의적인, 신앙적 교훈에 불과하다고 생각하면서, "내일을 생각해야만 해. 가족들을 위해 보험을 들어야 하고, 노후를 위해 돈을 모아야지. 계획을 세우고 미래에 대비해야 해."라고 말하곤 한다.

사람들의 말이 전혀 다른 것은 아니다. 물론이다. 당연히 그래야 한다. 그러나 여기서 짚고 넘어가야 할 것은, 성시가 번역되었던 제임스 1세 왕 시대에는 '생각한다'라는 단어가 흔히 '걱정한다' 라는 의미로 쓰이곤 했다는 것이다.

따라서 성서의 현대식 버전은 예수의 이 말씀을 더욱 정확하게 옮기고 있다.

"내일을 걱정(염려)하지 마라."

내일 혹은 미래를 생각하는 것은 좋다. 주의 깊게 생각하고 계획하며 준비해야 하는 것이 당연하다. 그러나 근심하지는 마라.

◑ 관심과 걱정의 차이

　그렇다고 해서 내가 모든 문제에 대해 지나칠 정도로 습관에 가까운 낙천주의적 태도를 권하는 것은 아니다. 불행하게도 우리의 인생은 그렇게 단순하지 않기 때문이다.

　내가 말하고 싶은 것은 부정적인 태도 대신에 긍정적인 태도를 가지라는 것이다. 다시 말해, 우리는 직면한 문제들을 '걱정'하는 것이 아니라, 그 문제들에 '관심'을 가져야 한다.

　그렇다면 관심과 걱정의 차이는 무엇일까? 아주 짧은 예를 들어 설명해 보겠다.

　나는 꽉 막힌 뉴욕의 도로를 건널 때마다 어떻게 해야 더 빠르게 목적지까지 이동할 수 있을지 생각한다. 이는 차가 막힌다는 문제에 관심을 기울이는 것이지, 걱정하는 것은 아니다.

　관심이란 문제를 깨닫고, 침착하게 한 단계씩 문제를 풀어나가는 것이다. 반면, 걱정은 미친 듯 헛되이 제자리에서 뱅뱅 도는 것과 같다.

당신은 지금 당신의 문제에 관심을 가지고 있는가, 아니면 단순히 걱정하고 있는가?

03

**머릿속 걱정이 아닌
눈앞의 현실과
마주하라**

지붕은 햇빛이 밝을 때 수리해야 합니다.
The time to repair the roof is when the sun is shining.
/ 존 F. 케네디 John F. Kennedy

다양한 종류의 걱정에 대처하기 위해서는 기본적인 3단계 문제 분석법을 알고, 스스로 단련해둬야 한다. 그 3단계란 다음과 같다.

1단계, 사실을 확인하라.
2단계, 사실을 분석하라.
3단계, 결단을 내리고 실천하라.

너무 뻔하다고? 그럴 만도 하다. 아리스토텔레스Aristoteles 시절부터 숱하게 가르치고 배워왔던 것이니까.

그러나 우리를 괴롭히며 밤낮을 지옥으로 만들고 있는 문제들을 해결하고 싶다면 당신과 나 또한 이 방법을 사용해야만 한다.

◑ 첫 번째 규칙 : 사실을 확인하라

사실을 확인하는 것이 왜 중요할까?

사실을 제대로 파악하지 못하면 문제를 현명하게 해결하려는 시도조차 할 수 없기 때문이다. 사실을 모르면 혼란스러워하며 마음을 졸일 수밖에 없다.

내 생각이냐고? 아니다, 25년간 컬럼비아 대학교 학장을 지낸 허버트 호크스Herbert E. Hawkes의 생각이다. 호크스는 이를 통해 이십만여 학생들이 걱정거리를 해결하는 데 도움을 줬다.

호크스는 내게 이렇게 말했다.

"걱정의 가장 큰 원인은 '혼란'입니다. 세상의 걱정 절반은 결정의 기본이 되는 충분한 지식을 갖추지 못한 채, 주먹구구식으로 결정을 내리려 하는 데서 생겨납니다.

예를 들어, 다음 주 화요일 세 시 정각에 마주하게 될 문제가 있다고 해봅시다. 저는 다음 주 화요일이 올 때까지 어떠한 결정도 내리지 않아요. 대신에 그동안 그 문제와 관련된 모든 사실을 파악하는 데 집중합니다. 걱정 따위는 하지 않아요. 문제를 붙들고 고민하거나 잠을 설치는 일도 없습니다. 오로지 사실을 확인하는 데만 집중하죠. 그렇게 화요일까지 모든 사실관계를 확인하고 나면, 문제는 대개 저절로 해결되곤 합니다!"

그는 계속해서 말했다.

"시간을 들여 편견 없이 객관적으로 사실을 확인하고 나면, 앎의 빛이 걱정을 증발시켜 버릴 것입니다."

그러나 우리 대부분은 어떻게 하고 있는가? 자기 생각을 뒷받침해줄 사실만 사냥개처럼 쫓으며 그 밖의 다른 사실들은 무시해 버리진 않는가? 오로지 자기 행동을 정당화해주는 사실, 자신의 바람에 간편하게 들어맞고 편견을 옹호해주는 사실만을 원하는 것이다!

프랑스의 소설가 앙두레 모루아Andre Maurois는 말했다.

"우리의 개인적 욕망에 부합되는 것은 모두 진실해 보인다. 그렇지 않은 모든 것은 우리를 화나게 한다."

그러니 문제에 대한 답을 구하는 데 어려움을 겪는 것이 당연하지 않을까? 만약 2 더하기 2가 5라고 믿으면서 산수 문제를 풀려고 하면 똑같은 문제가 생기지 않겠는가? (당연히 문제를 풀 수 있을 리 없다.) 하지만 세상에는 2 더하기 2가 5라고, 심지어는 500이라고 우기면서 자신과 타인의 삶을 지옥으로 만드는 사람이 너무 많다. 그렇다면 어떻게 해야 할까?

우선 사고에서 감정을 분리시켜야 한다. 호크스의 말대로 '편견 없이, 객관적으로' 사실을 확인해야 한다.

그러나 걱정이 있을 때 이렇게 하기란 쉬운 일이 아니다. 걱정에 빠지면 감정이 고조되기 때문이다. 이럴 때 문제로부터 한 발짝 비켜서서 사실을 명확하고 객관적으로 보는 데 도움이 될 만한 두 가지 방법이 있다.

첫째, 나 자신이 아닌 다른 누군가를 위해 정보를 수집한다고 생각하라.

이렇게 하면 증거에 대해 냉정하고 편견 없는 시선을 갖추고, 감정을 배제하는 데 도움이 된다.

둘째, 때때로 나와 반대 입장의 변호사가 된 듯 생각하라.

다시 말해, 내 생각과 반대되는 사실들, 나의 바람과 어긋나고 내가 마주하고 싶지 않은 모든 사실을 찾으려 노력하는 것이다. 그리고 나서 나의 입장과 반대되는 입장을 둘 다 적어본다. 그러면 대개 양쪽 극단 사이 어딘가에 진실이 있음을 깨닫게 된다.

◗ 두 번째 규칙 : 사실을 분석하라

내가 값비싼 경험을 통해 알게 된 바로는, 사실을 글로 적은 후에 분석하는 편이 훨씬 쉽다. 실제로, 사실을 종이에 적으며 문제를 명확하게 기술하는 것만으로도 합리적인 결정을 내리는 데 큰 도움이 된다.

제너럴 모터스General Motors의 전자 부품 자회사인 델코Delco Electronics 사의 창업자이자, 27년간 제너럴 모터스에서 연구부장으로 지낸 발명 천재 찰스 케터링Charles Kettering은 이렇게 말한 바 있다.

"문제를 명확하게 기술했다면, 절반은 해결한 것이다."

◗ 세 번째 규칙 : 결단을 내리고 그것을 실행하라

확고한 결론에 도달하지 못하고 미친 듯이 제자리를 뱅뱅 돌다 보면, 신경쇠약에 걸려 인생이 나락에 빠지게 된다. 일단 명쾌하고 확실한 결정을 내리는 것만으로도 걱정의 50퍼센트는 없앨 수 있다. 그리고 그 결정을 실천하기 시작하면 나머지 40퍼센트도 사라진다.

다음 4단계를 거치는 것만으로도 걱정의 90퍼센트가 사라질 것이다.

1단계, 걱정하고 있는 것들을 정확하게 적는다.
2단계, 그와 관련해 내가 할 수 있는 일을 적는다.
3단계, 무엇을 할지 결정한다.
4단계, 결정한 바를 즉시 실행에 옮긴다.

미국의 심리학자이자 철학자 윌리엄 제임스William James는 이렇게 말했다.

"일단 결정을 내리고 실행할 일만 남았다면, 결과에 대한 모든 책임과 근심은 완전히 잊어버려라."

즉, 사실에 기초하여 신중하게 결정했다면 행동으로 옮기라는 뜻이다.

더는 생각하지 마라. 걱정으로 인해 머뭇거리거나 되돌아가려 하지 마라. 다른 의심들을 부르는 자기 불신에 빠진 나머지 스스로를 잃지 마라. 자꾸 뒤돌아보지 마라.

언젠가, 미국 오클라호마에서 가장 유명한 석유 기업가 중 한 명인 웨이트 필립스Waite Phillips에게 어떻게 결정을 실행에 옮기는지 물어본 적이 있다. 그는 이렇게 대답했다.

"문제에 대해 생각하고 또 생각하다가 어느 선을 넘으면 걱정과 혼란이 생겨납니다. 그때부터는 더 이상의 조사나 생각은 오히려 해가 되고 말아요. 결정하면 절대 뒤돌아보지 말고, 실행해야만 하는 시점인 겁니다."

04

사실을 인정하라,
걱정을 멈추고
행동을 시작하라

나에게는 여섯 명의 정직한 하인이 있다.

I keep six honest serving men

(내가 알고 있는 모든 것은 그들에게 배웠다.)

(they taught me all i knew)

그들의 이름은 무엇을, 왜, 언제, 어떻게, 어디서, 누가이다.

Theirs names are What and Why and When And How And Where and Who.

/ 러디어드 키플링 Rudyard Kipling

당신은 소란스러운 도시 한가운데서 내적 평화를 유지할 수 있는가? 당신이 평범한 사람이라면, 대답은 '분명히 그렇다'일 것이다. 우리 대부분은 생각보다 강하다. 아마 한 번도 꺼내보지 않았을 내적 능력을 당신은 갖추고 있다.

미국 출신의 철학자이자 시인인 헨리 데이비드 소로Henry David

Thoreau는 자신의 걸작 『월든』에서 이렇게 말했다.

"인간에게는 의식적인 노력을 통해 삶을 드높일 능력이 분명히 있다. 그것보다 내게 더 용기를 주는 사실은 없다. 만약 누군가가 꿈을 향해 자신 있게 걸어가며, 바라는 삶을 살기 위해 노력한다면, 그는 언젠가 예기치 못한 순간 성공에 다다를 것이다."

◑ 걱정에 시간을 낭비하지 않기 위한 네 가지 질문

다음은 미국 최고의 출판사 가운데 하나인 사이먼 앤 슈스터 Simon & Schuster의 공동 경영자 레온 심킨Leon Shimkin의 이야기이다.

"지난 15년 동안 저는 회의를 하거나 문제에 관해 토론하느라 매일 업무 시간의 절반을 보냈습니다. 이렇게 해야 할까, 저렇게 해야 할까, 아니면 아무것도 하지 말아야 할까 등등……. 신경이 곤두선 채로 의자에 앉아 몸을 비틀거나, 회의실 안을 왔다 갔다 거리며 결론이 나지 않는 논쟁을 다람쥐 쳇바퀴 돌 듯 계속했죠. 그러다 밤이 되면 완전히 녹초가 되곤 했어요. 남은 인생도 이런

식이리라 생각했죠. 15년을 이렇게 일해오면서 더 나은 방법을 찾지 못했으니까요.

만약 누군가 제게 걱정에 가득 차 회의에 허비하는 시간을 3/4으로 줄일 수 있다거나, 신경질적인 긴장감을 3/4으로 줄일 수 있다고 말했다면, 저는 그를 세상 물정 모르고 탁상공론이나 일삼는 낙천주의자로 생각했을 겁니다. 그런데 제가 바로 그런 방법을 생각해낸 겁니다!

지금까지 이 방법을 8년간 사용했는데, 일의 능률 측면에서 놀라운 변화가 일어났을 뿐 아니라 더욱 건강하고 행복해졌습니다. 마술 같은 이야기로 들릴지 모르겠습니다. 하지만 모든 마술이 그렇듯, 방법만 알면 지극히 쉽습니다. 비결은 이렇습니다.

첫째, 15년간 계속해왔던 회의 방식을 당장 중지시켰습니다.
걱정에 가득 찬 상태로 눈앞의 문제에 관해 구구절절 설명하고 나서 "자, 이제 어떻게 해야 할까요?"라고 묻는 것으로 끝나는 방식을 말입니다.

둘째, 새로운 규칙을 만들었습니다.

제 앞에서 문제를 언급하고 싶다면, 우선 다음의 네 가지 질문에 대한 답을 준비해오도록 했습니다.

질문 1, 무엇이 문제인가?

질문 2, 문제의 원인은 무엇인가?

질문 3, 문제 해결을 위해 사용할 수 있는 방법은 무엇인가?

질문 4, 당신이 제안하는 해결책은 무엇인가?

이제는 문제가 있다며 저를 찾아오는 사람이 거의 없습니다. 왜일까요? 앞의 네 가지 질문에 대답하기 위해서는 모든 사실을 파악하고 문제를 철저히 검토해야 하기 때문입니다. 그렇게 해서 네 가지 문제에 대한 답을 찾고 나면, 그중 3/4 정도는 저와 상의할 필요가 없다는 걸 깨닫게 됩니다. 토스터에서 식빵이 튀어 오르듯, 적절한 해결책이 떠오르거든요.

협의가 필요한 경우에도 토론 시간이 예전에 비해 1/3로 줄었습니다. 체계적이고 논리적인 과정을 거쳐 합리적 결론에 도달하기 때문이죠. 그 결과 무엇이 잘못되었는지 걱정하고 토의하느라 허비하는 시간은 크게 줄고, 문제를 해결하기 위해 행동할 시간이 아주 많아졌습니다."

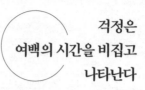

걱정은
여백의 시간을 비집고
나타난다

05

당신은 움츠리기보다 활짝 피어나도록 만들어진 존재입니다.

You are built not to shrink down to less but to blossom into more.

/ 오프라 윈프리 Oprah Winfrey

　걱정할 시간이 없다!

　제2차 세계대전이 한창일 무렵 윈스턴 처칠Winston Churchill이 하루 18시간을 일하며 했던 말이다.

　'엄청난 책임감으로 인해 걱정이 많지 않으냐'는 누군가의 질문에 그는 이렇게 대꾸했다.

　"너무 바빠서 걱정할 시간이 없습니다."

◑ 걱정에게 시간을 허락하지 마라

바쁘게 사는 것만으로도 걱정을 몰아낼 수 있는 것은 왜일까? 심리학자들이 밝혀낸 가장 기본적인 법칙에서 그 이유를 찾을 수 있다.

즉, 아무리 똑똑한 사람도 한 번에 한 가지 이상 생각하지 못한다는 것이다. 믿기지 않는가? 그렇다면 한 가지 실험을 해보자.

지금 당장 의자에 몸을 기대고 앉은 뒤 눈을 감고 '자유의 여신상'과 '내일 아침에 할 일'을 동시에 생각해 보라. 두 가지 생각을 번갈아가며 할 수는 있지만, 동시에 둘 다 생각할 수는 없었을 것이다.

감정의 영역도 마찬가지다. 흥미진진하게 느껴지는 어떤 일을 활기차게 열정적으로 하면서, 동시에 걱정에 시달리는 것은 불가능하다. 한 가지 감정이 다른 감정을 몰아내기 때문이다.

이 단순한 발견으로 인해 전쟁 시기 군의관들은 기적을 행할 수 있었다. 흔히 '신경증' 환자라 불리었던, 전쟁의 경험으로 인해 큰 충격을 받은 환자외상 후 스트레스 장애 / Post Traumatic Stress

Disorder, PTSD가 오면 군의관들은 '계속 분주하게 움직여라'라는 처방을 내렸다. 그것은 깨어있는 시간 동안 계속해서 바쁘게 지내도록 하라는 처방이었다. 눈 뜨는 순간부터 계속해서 낚시나 사냥, 야구, 골프, 사진 촬영, 조경, 댄스 같은 야외 활동을 하며 하루를 보내게 함으로써 끔찍한 전쟁의 기억을 곱씹을 틈을 아예 주지 않은 것이다.

◑ 걱정이라는 악마는 생각의 진공상태에서 나타난다

정신과 의사라면 누구나, 바쁘게 사는 것이야말로 신경성 질환의 가장 좋은 마취제라고 말할 것이다.

미국의 시인 헨리 롱펠로Henry W. Longfellow는 아내와 사별한 후 그 사실을 스스로 깨달았다.

어느 날, 롱펠로의 아내는 촛불로 봉랍봉투를 압인할 때 쓰는 왁스를 녹이던 중 옷에 불이 옮겨붙는 사고를 당한다. 비명을 듣고 그가 달려갔으나 아내는 끝내 세상을 떠나고 말았다. 그 끔찍한 기억으로 인해 롱펠로는 한동안 거의 제정신이 아니었다. 그러나 그렇게 주저앉아만 있기에 그에게는 보살펴야 할 세 명의 어린 자식이 있었다. 상실의 슬픔에도 불구하고, 그는 아이들의 아버지이자 어머니 역할을 해냈다. 그는 아이들과 함께 산책하고, 옛이야기를 들려주며 놀았다. 그와 아이들이 나눈 애틋한 정은 '아이들의 시간The children's hour'이라는 시로 영원히 남아있다. 그는 창작활동뿐 아니라 단테의 작품들을 번역하기도 했는데, 이처럼 분주하게 지내면서 자신이 겪은 고통스러운 일에 대한 생각을 완전히 잊고 마음의 평화를 되찾을 수 있었다.

영국의 시인 알프레드 테니슨Alfred Tennyson는 그의 가장 친한 친구 아서 할람이 세상을 떠나자 이렇게 말했다.

"절망으로 말라죽지 않으려면, 행위에 몰두해야만 하리."

열심히 일하거나 일과를 행하는 동안에는 대부분이 어렵지 않게 '행위에 몰두'한다. 정작 위험한 것은 바로 일을 마치고 난 뒤의 시간이다. 자유롭게 여가를 즐기며 행복해야 할 시간에 걱정이라는 우울한 악마가 찾아오는 것이다. 지금 잘 살고 있는 것인지, 틀에 박힌 생활은 아닌지, 오늘 상사가 한 말에 어떤 속뜻이 있었을지, 자신이 점점 매력을 잃어가고 있는 것은 아닌지 등등 온갖 회의를 품게 된다.

한가할 때 우리의 마음은 진공상태에 가까워진다. 물리학을 배운 사람이라면 "자연은 진공을 싫어한다Nature Abhors a Vacuum."라는 아리스토텔레스의 말을 들어봤을 것이다. 일상에서 흔히 접할 수 있는 것 중, 가장 진공 상태에 가까운 것이 백열전구의 내부이다. 필라멘트를 오랫동안 사용하기 위해 백열전구의 유리구 속은 기체가 없는 진공 상태로 만들어진다. 당연히 이 백열전구를 깨뜨리면, 빈 공간은 공기로 채워질 것이다.

이러한 자연 작용은 마음의 빈 공간을 채우기 위해 일어나기도 한다. 무엇으로 채워질까? 대개는 부정적인 감정이다. 왜일까? 걱정, 공포, 증오, 질투, 시기심과 같은 것들은 원시적 활기와 원시림의 역동적인 에너지에 의해 움직이기 때문이다. 이러한 감정들은 너무나 격렬한 나머지 우리 마음속 평온하고 행복한 생각과 감정을 몰아내곤 한다.

컬럼비아 대학교 교육학과 교수인 제임스 머셀James L. Mursell 은 이렇게 말했다.

"걱정은 일에 몰두할 때는 가만히 있다가, 일과를 마치고 나면 당신을 괴롭힌다. 머릿속 생각은 함부로 날뛰며, 온갖 말도 안 되는 가능성을 떠올리게 하고 작은 실수들을 크게 부풀린다. 그때 당신의 마음은 짐을 싣지 않은 채 질주하는 마차와 같다. 그것은 바퀴를 과열시켜 태워버리거나 산산조각 나게 만들 수 있다. 이렇게 제멋대로 폭주하는 걱정을 해결하는 방법은 건설적인 일에 완전히 몰입하는 것이다."

06

미래에 사로잡혀있으면 현재를 있는 그대로 볼 수 없을 뿐 아니라 과거까지 재구성하려 들게 된다.

A preoccupation with the future not only prevents us from seeing the present as it is but often prompts us to rearrange the past.

/ 에릭 호퍼 Eric Hoffer

최근에 나는 세계에서 가장 유명한 신문사 중 하나인 〈뉴욕타임스〉의 아서 헤이즈 슐츠버거Arthur Hays Sulzberger, 그는 1935년부터 25년간 뉴욕타임스를 경영했다와 인터뷰하는 영광을 누렸다.

슐츠버거는 내게 2차 대전의 불길이 유럽을 휩쓸었을 때 너무나 놀라고 걱정스러운 나머지 거의 잠을 이루지 못했다고 말했다. 종종 그는 한밤중에 캔버스와 물감을 챙긴 뒤 거울 앞에 앉아

자화상을 그리곤 했다. 그림에 대해선 전혀 몰랐지만, 마음속에서 걱정을 몰아내기 위해 무작정 그렸다. 그러나 걱정을 떨칠 수는 없었다고 한다.

그는 찬송가의 다섯 단어를 모토로 삼은 뒤에야 비로소 안정을 찾았다. 그 다섯 단어란 '한 걸음씩 늘 인도하소서one step enough for me'였다.

인도하소서, 친절한 빛이여
Lead, kindly Light,

어둠 속에서 나를 인도하소서
amid the encircling gloom, Lead Thou me on.

밤은 어둡고
The night is dark,

나는 고향에서 멀리 떨어져 있소
and I am far from home Lead Thou me on.

내 발을 지켜주소서

Keep Thou my feet,

내 가는 길 다 알지 못하나

I do not ask to see

그 먼 길

The distant scene,

한 걸음씩 늘 인도하소서

one step enough for me.

07

불행해지는 비결은 자신이 행복한지 그렇지 않은지 고민할 여유를 가지는 것이다.

The secret of being miserable is to have leisure to bother about whether you are happy or not.

/ 조지 버나드 쇼 George Bernard Shaw

컬럼비아 대학교 학장을 지낸 허버트 호크스Herbert E. Hawkes는 전래동요인 〈머더구스〉 중 한 구절을 좌우명으로 삼고 있다고 말했다.

하늘 아래 모든 병에는 약이 있거나 없으니, 있다면 찾아보고 없다면 신경 쓰지 마라.

For every ailment under the sun, There is a remedy or there is none. If there be one, try to find it. If there be none, never mind it.

전국에 체인점이 있는 백화점 페니 스토어의 창립자 J.C.페니 James Cash Penney Jr.는 이렇게 말했다.

"제가 가진 돈을 깡그리 잃는다 해도 걱정하지 않습니다. 걱정해 봐야 아무 소용 없다는 걸 알기 때문이죠. 저는 항상 최선을 다할 뿐이고 결과는 신에게 맡깁니다."

미국의 자동차 회사 포드Ford의 창설자인 헨리 포드Henry Ford도 비슷한 이야기를 했다.

"어찌할 수 없는 일이 생기면 알아서 흘러가도록 놔둡니다."

미국의 자동차 회사인 크라이슬러CHRYSLER 사의 회장 K.T.켈러 Kaufman Thuma Keller에게 걱정과 멀어지는 비결을 묻자 그는 이렇게 대답했다.

"힘든 상황에 부딪혀도, 제가 할 수 있는 일이 있으면 그 일을 합니다. 만약 할 수 있는 일이 없다면, 그냥 그 일을 잊어버려요. 저는 미래를 걱정하지 않습니다. 앞으로 무슨 일이 일어날지, 그

누구도 모를 일이기 때문입니다. 미래는 아주 많은 요인으로 인해 바뀔 수 있어요. 그 요인이 무엇인지 알 수 있는 사람도, 이해할 수 있는 사람도 없습니다. 그러니 왜 걱정하겠습니까?"

만약 켈러에게 철학자 못지않다고 말한다면, 그는 상당히 쑥스러워할 것이다. 물론 켈러는 (철학자가 아니라)그저 성공한 사업가이지만, 그의 생각은 1,900년 전 고대 그리스 스토아학파의 대표적인 철학자 에픽테토스Epictetus가 주장하던 철학과 일맥상통한다.

그는 로마 사람들에게 이렇게 가르쳤다.

"행복에 이르는 길은 단 하나, 우리의 의지로는 어쩔 수 없는 것들에 대한 걱정을 멈추는 것이다."

◑ 오크나무가 아닌 버드나무처럼

　피할 수 없는 일들에 맞서 싸우는 동시에 새로운 삶을 창조할 만큼 넘치는 감정과 활력을 지닌 사람은 없다. 우리는 둘 중 하나를 선택해야 한다. 인생의 피할 수 없는 눈보라에 휘어지거나, 아니면 그것에 저항하다가 부러지거나.

　나는 미주리에 있는 농장에서 그러한 일을 본 적이 있다. 농장에 스무 그루 정도의 나무를 심었더니, 처음에는 나무들이 놀랄 만큼 빠르게 자랐다. 그러다 눈보라가 몰아쳐서 큰 가지, 작은 가지 할 것 없이 두꺼운 눈과 얼음에 뒤덮였다. 나무들은 가지를 굽히기보다는 완고히 저항하다가 무게를 이기지 못하고 부러지거나 꺾였다. 이 나무들은 북쪽 숲의 지혜를 알지 못했던 것이다.

　나는 캐나다에 있는 상록수 숲을 수백 마일이나 여행해 봤지만, 눈이나 얼음 때문에 가문비나무와 소나무의 가지가 부러져 있는 것은 한 번도 보지 못했다. 상록수들은 가지를 휘거나 굽히는 법, 피할 수 없는 것을 받아들이는 법을 알고 있었다.
　브라질 유술 사범들은 제자들에게 '오크나무처럼 버티지 마라.

버드나무처럼 휘어져라'라고 가르친다.

자동차의 타이어는 거친 길 위에서 수많은 충격을 받으면서도 내달린다. 어떻게 그럴 수 있을까? 처음에 제조업자들은 노면의 충격에 저항하는 타이어를 만들고자 했다. 그 타이어는 곧 갈가리 찢어지고 말았다. 그래서 그들은 노면의 충격을 흡수하는 타이어를 만들었다. 그러자 그 타이어는 '견뎌'냈다.

우리 또한 험한 인생길에서 충격과 덜컹거림을 흡수하는 법을 배운다면, 더욱 오래 순조로운 여행을 즐길 수 있을 것이다.

◖ 어쩔 수 없는 일이라면 가벼운 마음으로

소크라테스Socrates의 죽음은 십자가에 못 박힌 예수의 죽음을 제외하고 역사상 가장 유명한 죽음으로 꼽힌다.

그의 죽음에 대한 플라톤Plato의 묘사는 인류 문학사상 가장 감동적이고 아름다운 구절 중 하나이다. 백만 년이 지나도 사람들은 그 구절을 읽고, 마음에 새길 것이다.

맨발의 늙은 소크라테스를 시기하고 질투한 몇몇 아테네 사람들이 날조한 죄를 소크라테스에게 덮어씌웠고, 소크라테스는 결국 사형 선고를 받았다.

그에게 우호적이었던 형리가 독이 든 잔을 건네며 이렇게 말했다.

"어쩔 수 없는 일이라면 담담하게 받아들이십시오."

소크라테스는 그렇게 했다. 그는 평온하게, 체념하며 죽음을 맞이했던 것이다.

"어쩔 수 없는 일이라면 담담하게 받아들여라."

예수 그리스도가 태어나기 399년 전에 등장한 이 한 마디야말로 지금처럼 걱정 많은 세상에 절실히 필요한 말이 아닐까.

◗ 바꿀 수 있는 것과 바꿀 수 없는 것을 분별하는 지혜

지난 8년간 나는 걱정을 없애는 방법과 관련된 책이나 기사라면 모조리 찾아 읽었다. 내가 발견한 걱정에 관한 최고의 충고가 무엇인지 궁금한가? 다음의 문장을 욕실 거울에 붙여놓고 세수할 때마다 보면 마음속 걱정도 함께 씻어낼 수 있을 것이다.

돈으로도 살 수 없는 가치가 내제된 이 기도문은 뉴욕 브로드웨이 120번 가에 있는 유니언 신학대학 응용기독학 교수인 칼 폴 라인홀드 니부어Karl Paul Reinhold Niebuhr 박사가 썼다.

주여,
God,

우리에게 우리가 바꿀 수 없는 것을 평온하게 받아들이는 은혜와
give us grace to accept with serenity the things that cannot be changed,

바꿔야 할 것을 바꿀 수 있는 용기
courage to change the things that should be changed,

그리고 이 둘을 분별하는 지혜를 허락하소서.

and the wisdom to distinguish the one from the other.

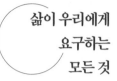

08

삶이 우리에게
요구하는
모든 것

과거에서 교훈을 얻을 수는 있어도 과거 속에 살 수는 없다.
We can draw lessons from the past, but we cannot live in it.
/ 린든 B. 존슨 Lyndon B. Johnson

   지금 이 순간, 당신과 나는 두 영원이 만나는 자리에 서 있다.
끝없이 이어져 온 광대한 과거와, 기록된 시간의 마지막을 향하
여 돌진하는 미래. 우리는 이 두 영원 중 어느 쪽에서도 살 수 없
다. 단 1초라도 말이다. 만일 그렇게 하고자 한다면 우리의 몸과
마음은 갈가리 찢겨 파괴되고 말 것이다. 그러니 지금 이 순간부
터 잠들기 전까지의 시간만을 살자.

   영국의 소설가 로버트 루이스 스티븐슨Robert Louis Stevenson은
말했다.

"짐이 아무리 무겁더라도, 누구나 해 질 녘까지는 옮길 수 있다. 아무리 힘들어도, 누구나 하루 동안은 일할 수 있다. 해가 떨어지기 전까지는 누구나 거뜬히, 참을성 있게, 성실하게, 순수하게 살 수 있다. 그리고 이것이 삶이 진정 의미하는 전부이다."

그렇다. 이것이 삶이 우리에게 요구하는 전부이다.

◑ 오늘이라는 테두리 안에서 살아라

존스홉킨스의대 설립자 윌리엄 오슬러William Osler는 이렇게 말했다.

"어제와 내일의 철문을 닫고, 오늘에 충실한 삶을 살아라."

과거에 대한 마음의 짐과 미래에 대한 두려움을 못 이기고 무너져 버린 사람들, 신경과민과 정신적 문제를 가진 환자들이 오늘날 병원 침상의 절반을 차지하고 있다.

'내일 일을 걱정하지 마라'는 예수의 말씀이나, '오늘에 충실한 삶을 살라'는 윌리엄 오슬러의 말을 귀담아들었다면, 그들은 오늘도 행복하고 유익한 삶을 누리며 거리를 활보할 수 있었을 것이다.

◗ 지금 행복해야 내일도 행복하다

인간성에 관해 내가 아는 가장 비극적인 사실 중 하나는, 우리 모두에게 삶을 미루는 경향이 있다는 것이다. 지금 이 순간 창밖에 피어있는 장미를 만끽하기보다는 지평선 너머 있을지도 모르는 환상적인 장미 정원을 꿈꾼다. 우리는 왜 이렇게, 애처로울 만치 어리석은가?

캐나다의 소설가 겸 경제학자 스티븐 리콕Stephen Leacock은 이렇게 말했다.

"우리의 짧은 인생은 얼마나 이상하게 흘러가는가! 꼬마일 때는 '내가 크면'이라고 말한다. 그러다 크고 나면 '내가 어른이 되면'이라고 하고, 어른이 되면 '내가 결혼하면'이라고 말한다. 결혼하고 나면 또 어떻게 되는가? '내가 은퇴할 때가 되면'으로 바뀐다.

그러다 정말 은퇴할 때가 되어 살아온 자리를 돌아보면, 남은 것 하나 없이 찬바람 부는 썰렁한 광경뿐이다. 어째서인지 모든 것을 놓치고, 모두 사라져버린 것이다.

인생이란, 매일 매시간의 삶 속에 존재한다는 것을, 우리는 너무 늦게 배운다."

09

현명한 이에게는
매일이
새로운 인생이다

언제나 현재에 집중할 수 있다면 행복할 것이다.

If you can concentrate always on the present, you'll be a happy man.

/ 파울로 코엘료 Paulo Cuelh

이제 행복을 위해 싸우자! 즐겁고 건설적인 생각을 할 수 있게 해주는 하루 프로그램을 실행하면서 우리의 행복을 위해 맞서 싸워보자!

그 프로그램의 제목은 '오늘만큼은'이다. '오늘만큼은' 프로그램은 너무나도 유익한 것이어서, 나는 그 내용을 수백 장 복사해 사람들에게 나누어 주었다.

이것은 시빌 F. 파트리지Sibyl F. Partridge가 36년 전에 만든 것으로, 이것을 따르기만 하면 대부분의 걱정은 사라지고 프랑스인들이 말하는 '삶의 기쁨'을 풍족하게 누릴 수 있을 것이다.

오늘만큼은 행복하겠다

"대부분의 사람들은 마음먹은 만큼 행복하다."라는 링컨의 말은 사실이다. 행복은 내면에서 나오는 것이지 외부에서 얻어지는 것이 아니다.

오늘만큼은 기대치에 맞추려 아등바등하지 않고, 이미 가진 것에 나 자신을 맞추려 노력하겠다

나는 나의 가족, 일, 운을 있는 그대로 받아들이고 나 자신을 그것에 맞출 것이다.

오늘만큼은 내 몸을 돌보겠다

몸을 혹사하거나 방치하지 않고, 운동하며 잘 돌보고, 좋은 음식을 챙겨 먹으면서, 나의 몸이 내 삶을 위한 완벽한 장치가 되도록 만들겠다.

오늘만큼은 나의 정신을 단련하겠다

무언가 유용한 것을 배울 것이다. 정신적인 게으름뱅이가 되지 않겠다. 노력하고 생각하고 집중이 필요한 글을 읽겠다.

오늘만큼은 세 가지 방법으로 나의 영혼을 닦겠다

몰래 선행을 베풀겠다. 또한 윌리엄 제임스가 제안했듯이, 마음을 닦기 위해 적어도 두 개 이상 하기 싫은 일을 해보겠다.

오늘만큼은 다른 이들에게 좋은 사람이 되겠다

되도록 밝은 표정을 짓고, 어울리는 옷을 입고, 목소리를 높이지 않고, 예의 바르게 행동하고, 칭찬에 인색하지 않고, 비난하거나 단점을 찾으려 들지 않고, 누군가를 통제하거나 바로잡으려고 하지 않겠다.

오늘만큼은 오늘 하루에 온전히 집중하겠다

내 인생의 문제를 한 번에 해결하려 덤비지 않겠다. '평생 해야 한다'라고 생각하면 끔찍하게 느껴지는 일도, '딱 열두 시간 동안만'이라고 생각하면 해낼 수 있다.

오늘만큼은 계획을 세워보겠다

매시간 할 일을 적어보겠다. 계획한 대로 정확히 따를 수 없을지라도 계획을 세우고, 그렇게 함으로써 서두름과 망설임이라는 두 골칫거리를 없앨 것이다.

오늘만큼은 30분 동안 조용히 쉬는 시간을 가지겠다
삶에 대해 조금 더 균형 잡힌 시각을 가질 수 있도록, 그 30분 동안 신을 생각하겠다.

오늘만큼은 두려워하지 않겠다
특히 행복해지는 것을, 아름다움을 만끽하는 것을, 사랑하는 것을, 내가 사랑하는 이들이 나를 사랑한다고 믿는 것을 두려워하지 않겠다.

◗ 오늘을 상기하는 습관

영국의 사상가 존 러스킨John Ruskin은 '오늘Today'이라는 단어가 새겨진 작은 돌조각을 책상 위에 올려놓았다.

내 책상 위에는 그 같은 돌조각은 없으나, 매일 아침 면도할 때마다 볼 수 있도록 거울에 시 한 편을 붙여 두었다. 그 시는 인도 극작가이자 시인인 칼리다사Kalidasa의 작품으로, 윌리엄 오슬리가 자신의 책상 위에 항상 놓아 뒀던 것이기도 하다.

새벽에게 바치는 인사

Salutation To The Dawn

보라, 이 날을
이것이 삶이다, 인생 중의 인생이다
오늘이라는 삶의 짧은 과정 속에
네 존재의 진실과 실체가 있다

성장의 축복이

행동의 영광이

성취의 찬란함이

,

어제는 꿈이요

내일은 환상일 뿐

오늘을 제대로 사는 것은 어제를 행복한 꿈으로

모든 내일을 희망적인 환상으로 만드노니

그러므로 잘 보라, 이 날을

그것이 새벽을 향한 인사이다

Look to this day!

For it is life, the very life of life.

In its brief course

Lie all the verities and realities of your existence

The bliss of growth

The glory of action

The splendour of achievement

For yesterday is but a dream

And tomorrow is only a vision,

But today well lived makes yesterday a dream of happiness

And every tomorrow a vision of hope.

Look well, therefore, to this day!

Such is the salutation to the dawn.

더는 생각하지 마라.
걱정으로 인해 머뭇거리거나 되돌아가려 하지 마라.

다른 의심들을 부르는 자기 불신에 빠진 나머지 스스로를 잃지 마라.
자꾸 뒤돌아보지 마라.

PART 02

우울하고
불행하다고 생각될 때

01

행복과
불행을 가르는 것

우리는 가진 것에 대해서는 거의 생각하지 않고, 갖지 못한 것만을 항상 생각한다.

We seldom think of what we have but always of what we lack.

/ 쇼펜하우어 Schopenhauer

무엇을 가지고 있느냐, 어떤 사람인가, 어디에 있는가, 무엇을 하는가 따위는 행복과 불행을 결정하지 못한다. 중요한 것은 행복에 대해 어떻게 생각하느냐이다.

같은 장소에서 같은 일을 하는 두 사람이 있다고 해보자. 둘은 가지고 있는 재산이나 사회적 지위도 같다. 하지만 한 사람은 비참한 반면, 다른 한 사람은 행복하다. 왜냐고? 바로 사고방식의 차이 때문이다.

당신은 열대우림의 무더위 속에서 원시적인 도구로 고된 노동을 하는 가난한 소작농들의 행복한 얼굴을 본 적 있는가. 로스앤젤레스나 시카고, 뉴욕의 냉방 잘 된 사무실에서 볼 수 있는 표정과 별반 다르지 않다.

"좋고 나쁘고는 오로지 생각하기에 달려 있다."
세계 최고의 극작가 윌리엄 셰익스피어William Shakespeare의 말이다.

미국의 제16대 대통령 에이브러햄 링컨Abraham Lincoln 또한 이렇게 말했다.
"대부분의 사람들은 마음먹은 만큼 행복하다."

02

50년을 살면서
내가 깨달은 것

인생을 최대한으로 살고, 긍정적인 것에 집중하라.

Live life to the fullest, and focus on the positive.

/ 맷 캐머런 Matt Cameron

나폴레옹Napoléon은 모든 이가 갈망하는 명예와 권력, 부를 전부 가졌었다. 하지만 그는 세인트 헬레나나폴레옹이 유배생활 끝에 최후를 맞았던 섬에서 이렇게 말했다.

"내 일생에서 행복했던 날은 채 엿새도 되지 않는다."

반면에 보지도 듣지도 말하지도 못했지만, 위대한 사회 사업가 헬렌 켈러Helen Keller는 이렇게 말했다.

"인생은 정말 아름다운 것입니다."

50년을 살면서 내가 배운 것이 있다면, 그것은 '나 자신 말고는 그 무엇도 내게 평안을 줄 수 없다'라는 사실이다.

미소는 모든 것을 바로 세우는 곡선이다.

A smile is a curve that sets everything straight.

/ 필리스 딜러 Phyllis Diller

『걸리버 여행기』의 작가 조너선 스위프트Jonathan Swift는 영문학 사상 가장 지독한 염세주의자였다. 그는 자신이 세상에 태어난 것을 비참하게 생각하여 생일이면 검은 옷을 입고 단식을 할 정도였다.

하지만 그런 절망 속에서도 이 염세주의자는 유쾌함과 행복이 건강을 증진시키는 가장 위대한 힘을 가졌다고 찬양했다. 그는 이렇게 말했다.

"이 세상 최고의 의사는 좋은 식습관과 평온함, 그리고 어릿광대가 주는 웃음이다."

우리는 알리바바가 거짓으로 지어낸 것보다 훨씬 큰 보물들을 이미 가지고 있다. 이처럼 우리가 가진 굉장한 것들에 집중함으로써, 우리는 온종일 공짜로 '어릿광대가 주는 웃음'이란 의사의 도움을 받을 수 있다.

　　당신은 10억 달러에 두 눈을 팔겠는가?
　　두 다리를 팔고 얼마를 받을 것인가?
　　두 손과 귀는?
　　당신의 아이들, 가족은?

　　당신이 가진 것을 모두 합쳐보면 그것이 록펠러, 포드, 모건의 재산을 다 준다 해도 결코 바꿀 수 없는 것임을 알게 될 것이다.

◐ 백만 달러를 얻을 수 있다면
지금 가진 것을 포기하겠는가

과달카날 섬에서 부상당한 어느 부사관에 대한 기사가 〈타임〉지에 실린 적이 있다. 포탄 파편에 목을 다친 그 부사관은 일곱 번이나 수혈을 받았다. 그가 쪽지에 질문을 적어 군의관에게 건네었다.

"제가 살 수 있을까요?"

군의관은 "물론이죠."라고 대답했다.

그는 다시 질문을 적어 군의관에게 보여줬다.

"제가 말을 할 수 있을까요?"

이번에도 대답은 "물론이죠."였다.

그러자 그는 다음과 같이 적었다.

"도대체 전 지금 뭘 걱정하고 있는 걸까요?"

지금 당장 자신에게 이렇게 물어보는 것은 어떤가?

'도대체 나는 지금 뭘 걱정하고 있는 걸까?'

십중팔구 당신이 걱정하고 있는 문제가 그다지 대수롭지 않은 것임을 깨닫게 될 것이다. 우리의 삶에서 벌어지는 일의 90퍼센트는 평범한 종류이고, 문제가 있는 경우는 10퍼센트 정도이다.

　행복해지고 싶다면 문제가 있는 10퍼센트는 무시하고 나머지 90퍼센트에 집중하면 된다.

　걱정에 시달리며 위궤양에 걸리고 싶다면 90퍼센트는 무시하고 문제가 있는 10퍼센트에만 집중하면 된다.

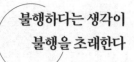

04

불행하다는 생각이 불행을 초래한다

인간은 마음의 내면을 변화시킴으로써 삶의 외면外面을 변화시킬 수 있다.

Human beings, by changing the inner attitudes of their minds, can change the outer aspects of their lives.

/ 윌리엄 제임스 William James

스토아학파의 위대한 철학자 에픽테토스Epictetus는 몸에서 종양과 종기를 제거하는 것보다 마음에서 나쁜 생각을 없애는 데 더 관심을 가져야 한다고 경고했다.

프랑스의 위대한 철학자 미셸 몽테뉴Michel Eyquem de Montaigne 는 다음 구절을 인생의 좌우명으로 삼았다.

"인간은 일어난 일보다는 그 일에 대한 자신의 생각 때문에 상처 입는다."

일어난 일에 대한 우리의 생각은 전적으로 우리 자신에게 달려 있다는 걸 명심해라.

◖ 행복을 얻는 가장 간단한 방법

윌리엄 제임스는 이렇게 말했다.

"인간이 감정에 따라 행동하는 것처럼 보이지만, 사실 행동과 감정은 동시에 일어난다. 행동은 의지를 통해 통제할 수 있으므로, 행동을 조절하면 의지로는 제어할 수 없는 감정을 간접적으로 조절할 수 있다."

다시 말해, 무언가를 '결심'한다고 해서 감정이 바뀌지는 않으나, 결심함으로써 행동을 변화시킬 수는 있다. 행동이 바뀌면 자동적으로 감정도 바뀌게 된다.

그는 이렇게 설명한다.

"그러므로 기분이 좋지 않을 때 기분을 전환시킬 수 있는 최고의 방법은 기분 좋은 일들이 이미 일어난 것처럼 말하고 행동하는 것이다."

이렇게 간단한 방법이 효과가 있을까? 당신이 직접 체험해보기를 바란다.

우선 얼굴 가득 크고 밝은, 꾸밈없는 미소를 지어보자. 어깨를 활짝 펴고 숨을 깊이 들이마시고, 좋아하는 노래를 불러보자. 노래를 못 부르면 휘파람이라도 불고, 휘파람도 못 불면 콧노래라도 흥얼거려 보는 거다. 그러면 곧 윌리엄 제임스가 한 말의 의미를 알게 될 것이다. 정말 행복한 것처럼 행동하는 동안에는 우울해 하거나 의기소침할 수 없다는 것을 말이다. 이것은 우리 모두의 삶에 기적을 가져다줄 수 있는 자연의 기본적인 진리 중 하나이다.

사람들이 나와 만나는 걸 즐겁게 여기길 바란다면, 먼저 나부터 사람들을 만나는 걸 즐겨야 한다. 나는 사업가들에게 상대를 정해 일주일간 매일 한 시간씩 그에게 미소를 지으라고 조언하고, 다음 강좌에서 그 결과를 알려달라고 했다. 어떻게 되었을까?

여기 뉴욕에 사는 증권 중개인인 윌리엄 스타인하트의 편지를 한 번 보자. 그의 이야기가 딱히 특별한 것은 아니다. 사실 수백 개의 전형적인 사례 중 한 가지에 불과하다. (그 말인즉, 여러분에게도 똑같은 일이 일어날 수 있다는 이야기이다.)

'저는 결혼한 지 18년이 넘었습니다. 그동안은 아침에 일어나서 출근할 때까지 아내에게 미소를 짓거나 말을 건네는 일 없이 살았습니다. 지독히도 무뚝뚝한 남자였지요. 그러다가 미소와 관련된 경험을 해보라는 선생님의 이야기를 듣고, 딱 일주일만 시도해보기로 했습니다.

이튿날 아침 머리를 빗으면서 거울에 비친 뚱한 표정의 저 자신을 향해 혼잣말을 했습니다.

"빌, 오늘부터 그 심술궂은 표정은 지워버리자고. 이제부터는 웃고 살 거야. 바로 지금 이 순간부터 말이야."

그리고 아침 식사 자리에 앉으며 아내에게 "잘 잤어, 여보?"라고 미소 띤 인사를 건넸어요. 강연에서 당신은 아내가 놀랄지도 모른다고 미리 경고했었죠. 하지만 아내의 반응은 상상 이상이었습니다. 당황해했을 뿐 아니라 심지어는 충격을 받은 것 같더라고요. 저는 아내에게 앞으로는 매일 이렇게 하겠다고 말했고, 그 약속을 지켰습니다.

그렇게 제가 태도를 바꾼 지 두 달 만에 우리 가족은 이전보다 훨씬 화목해졌습니다. 지난 두 달간 느낀 행복이 지난 일 년간 느꼈던 행복의 총합보다 더 큰 것 같아요.

사무실에 출근할 때는 아파트 경비원에게도 "좋은 아침입니다."라며 아침 인사를 하고 웃어 보입니다. 지하철 매표원에게 거스름돈을 부탁할 때도 미소를 짓고, 주식 거래소에서는 최근 들어 한 번도 웃어 보이지 않은 사람들에게 미소를 건넵니다. 그러다 보니 제가 미소를 보이면 사람들도 제게 미소로 화답해준다는 사실을 알게 되었습니다.

요즘은 불만이나 애로사항을 가지고 찾아온 사람들에게도 쾌활한 태도로 대합니다. 그들의 말에 미소 지으며 귀 기울이니 문제를 해결하기가 훨씬 쉬워지더군요. 미소가 날마다 돈을 벌어다 주고 있다니까요.

저는 다른 주식 중개인과 사무실을 함께 사용하고 있는데요, 그의 부하 직원 중 호감이 가는 청년이 한 명 있었습니다. 저는 의기양양해 하며 그 친구에게 새롭게 배운 인간관계 철학에 관해 이야기해 주었습니다. 그러자 그 친구도 솔직히 처음 사무실에 나왔을 때는 저를 고약한 심술쟁이로 생각했지만, 최근에는 완전히 다시 보게 되었다고 말해주었습니다. 웃을 때면 정말 인간적으로 보인다고 합니다.

저는 일하면서 비난하거나 비판하는 것을 그만뒀습니다. 대신에 감사의 말을 전하고 칭찬합니다. 제가 무엇을 원하는지 이야기하는 것도 그만뒀습니다. 지금은 다른 사람의 관점에서 보려고 노력하고 있어요.

이런 노력들은 제 삶에 혁명적인 변화를 가져왔습니다. 저는 완전히 다른 사람이 되었어요. 더 행복하고 부유하며 더욱 충만

한 우정과 행복을 누리게 되었습니다. 인생에서 가장 중요한 것들을 얻은 겁니다.'

당신도 웃으면서 살고 싶지 않은가? 어떻게 해야 할까? 간단하다, 두 가지 방법만 실천하면 된다.

첫째, 억지로라도 미소를 지어보라.

둘째, 혼자일 때면 휘파람을 불거나 콧노래를 흥얼거리도록 하라. 이미 행복한 사람처럼 행동하면 정말 행복해질 것이다.

윌리엄 제임스의 이 말을 되새겨 보자.

"인간이 감정에 따라 행동하는 것처럼 보이지만, 사실 행동과 감정은 동시에 일어난다. 행동은 의지를 통해 통제할 수 있으므로, 행동을 조절하면 의지로는 제어할 수 없는 감정을 간접적으로 조절할 수 있다. 그러므로 기분이 좋지 않을 때 기분을 전환시킬 수 있는 최고의 방법은 기분 좋은 일들이 이미 일어난 것처럼 말하고 행동하는 것이다."

이 세상 모두가 행복을 추구한다. 그 행복을 얻는 가장 확실한 방법이 있으니, 그것은 바로 생각을 조절하는 것이다. 행복은 밖에서 오는 것이 아니라 우리의 마음속에서 나온다.

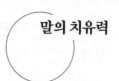

05

인간 세계의 모든 문제를 해결하는 가장 좋은 방법은 모든 사람이 앉아서 이야기하는 것입니다.

The best way to resolve any problem in the human world is for all sides to sit down and talk.

/ 달라이 라마 Dalai Lama

프로이트 시대 이후, 정신분석학자들은 환자들이 다른 사람에게 마음속 이야기를 하는 것만으로도 심적 고통에서 벗어날 수 있다는 사실을 알게 되었다. 왜 그럴까? 아마 대화를 통해 자신의 문제에 대해 좀 더 깊이 통찰하고, 더 잘 이해할 수 있게 되기 때문일 것이다.

세상 모든 문제에 대한 답을 알고 있는 사람은 아무도 없다.

그러나 후련하게 내뱉거나 숨김없이 이야기하면 마음이 한결 편안해진다는 사실은 누구나 알고 있다. 그러니 감정적인 문제가 생긴다면 그것을 털어놓을 누군가를 찾아보는 것은 어떨까?

물론, 눈에 보이는 사람마다 붙잡고 우는소리를 하며, 불평불만을 쏟아내는 식의 폐를 끼치고 다니라는 말은 아니다.

믿을 수 있는 사람을 생각해보고 그와 약속을 잡아보자. 친척, 의사, 변호사, 목사, 아니면 신부 등 누구라도 좋다. 그런 뒤 그에게 이렇게 청하라.

"제게 문제가 있는데, 제 이야기를 잘 들어주셨으면 해요. 당신이라면 제게 조언해줄 수 있을 겁니다. 제가 미처 생각지 못했던 관점에서 문제를 볼 수 있을 테니까요. 그렇지 않다고 해도, 제가 말하는 동안 끝까지 앉아서 들어주는 것만으로도 큰 도움이 될 것입니다."

◑ 자신을 치유하는 방법

마음에 와 닿는 글들을 모아둘 공책이나 스크랩북을 마련하라. 거기에 당신의 마음을 움직였거나, 기운을 북돋워 주는 시, 짤막한 기도문, 또는 인용구 등을 적어둬라.

그러면 비가 내리는 오후 기분이 가라앉을 때, 그 안에서 우울함을 없애줄 방법을 찾을 수 있을 것이다.

보스턴의 진료소를 찾는 환자 중에는 수년간 자신만의 공책을 만들어온 사람이 많은데, 그들은 그 공책이 자신의 '정신적인 활력소'라고 말한다.

06

사소한 일로
당신을 불행하게
만들지 마라

부정적인 것에 집중하지 말고 긍정적인 것에 집중하면 번창할 것이다.

Don't focus on negative things; focus on the positive, and you will flourish.

/ 알렉 웩 Alek Wek

영국의 정치가 벤저민 디즈레일리Benjamin Disraeli는 말했다.

"사소한 일에 신경 쓰기에는 인생이 너무 짧다."

이 말과 관련해 프랑스의 소설가이자 평론가 앙드레 모루아 Andre Maurois는 다음과 같이 말했다.

"이 말은 내가 숱한 고통스러운 경험들을 극복하는 데 도움을 주었다. 우리는 종종 무시하고 잊어버려야 할 사소한 일들로 마음을 어지럽히곤 한다. 이 땅에서 겨우 몇십 년밖에 살지 못하면서, 곧 잊어버릴 작은 불만들을 생각하다 다시 얻을 수 없는 소중

한 시간을 허비해버린다. 그래선 안 된다.

이제부터는 가치 있는 행동과 감정, 원대한 생각, 진실한 애정과 오래가는 일 등에 인생을 바쳐야 한다. 사소한 일에 신경 쓰기에 우리의 인생이 너무 짧기 때문이다."

◐ 손톱 밑 가시가 가장 아프다

우리는 인생에 큰일이 닥치면 용감하게 맞서다가도 대단치 않은 일, 마치 '손톱 밑 가시' 같은 일로 낙담하곤 한다.

17세기 영국의 행정가 새뮤얼 피프스Samuel Pepys의 〈일기〉에는 이와 관련한 이야기가 상세하게 담겨있다. 런던에서 해리 배인 경의 참수 장면을 목격한 일화이다.

"해리 경은 단두대에 오르면서 사형집행인에게 살려달라고 간청한 것이 아니라 목에 난 종기는 건드리지 말아 달라고 부탁했다고 한다."

어떤가, 참으로 우습지 않은가?

◗ 세상 비극의 절반은 사소한 데서 비롯된다

'사소한 일'들이 결혼 생활의 사람들을 미치기 일보 직전까지 몰아가고, 이 세상 불행의 절반을 일으킨다. 이는 권위자들의 중론이기도 하다.

시카고의 조지프 세바스Joseph Sabath 판사의 말을 들어보자. 그는 무려 4만 건 이상의 이혼을 조정한 후 이렇게 주장했다.

"이혼의 원인은 대개 아주 사소한 것들입니다."

뉴욕 지방검찰청 검사장 프랭크 S. 호건Frank Smithwick Hogan은 이렇게 말했다.

"형사 사건의 적어도 절반 이상이 사소한 일 때문에 일어납니다. 술집에서의 객기, 집안에서의 말다툼, 모욕적인 언사, 욕설, 무례한 행동 등과 같은 사소한 일들이 폭행과 살인 같은 사건으로 이어지는 겁니다.

천성이 잔인하고 사악한 사람은 극히 드뭅니다. 상대의 자존심에 상처를 주는 행위, 모욕적인 말, 허영심에 충격을 주려 하는 마음 등이 세상 불행의 절반을 일으킨다 해도 무리가 아닙니다."

◑ 관점을 바꾸면 벽은 뚫린다

    사소한 일 때문에 골치를 썩이고 있다면, 대개 마음속에 새롭고 유쾌한 관점을 확립하는 것만으로도 충분히 해결된다.

    실제로 이 방법을 통해 효과를 본 사례가 있다. 『그들은 파리에 가야만 했다』 등 여러 권의 책을 쓴 작가인 나의 친구 호머 크로이Homer Croy의 이야기이다.

    뉴욕에 있는 아파트에서 집필 작업을 할 때, 그는 라디에이터의 달가닥거리는 소리 때문에 짜증이 나서 미칠 지경이었다. 라디에이터 안 수증기가 지글지글 소리를 내면 책상에 앉아있던 그도 화가 나서 부글부글 끓었다. 크로이는 이렇게 말했다.

    "한 날은 친구 몇 명과 캠핑을 떠났다네. 타오르는 불 속에서 나뭇가지들이 탁탁거리며 타는 소리를 듣고 있자니, 문득 그 소리가 우리 집 라디에이터에서 나는 소리와 비슷하다는 생각이 들더군. 그런데 왜 이 소리는 듣기 좋고, 다른 소리는 그토록 듣기 싫었던 걸까? 집에 돌아와서는 생각했어.

    '모닥불 속에서 나뭇가지가 타는 소리는 듣기 좋지 않았던가. 라디에이터에서 나는 소리도 그것과 비슷하니, 소리에는 신경 쓰지 말고 잠이나 자자.' 그리고는 그렇게 했지. 며칠간 라디에이터 소리가 거슬리기는 했지만 곧 완전히 잊어버리게 되었어.

사소한 걱정거리도 마찬가지야. 우리가 그것들을 싫어하면서도 마음 쓰는 까닭은 그것들을 너무 과장해서 생각하기 때문이지."

◑ 딱정벌레가 삶을 갉아먹게 놔두지 마라

콜로라도 주 롱스피크의 산비탈에는 거대한 나무의 잔해가 있다. 박물학자들은 그 나무의 수령이 400년 정도 되었을 것이라고 말한다. 아마 콜럼버스가 산살바도르에 발 디뎠을 때쯤에는 묘목이었고, 청교도들이 플리머스에 이주했을 때쯤에는 지금의 반 정도 크기였을 것이다.

나무는 그곳에 서서 무려 4세기 동안 열네 번의 벼락을 맞고, 셀 수 없이 숱한 눈사태와 폭풍에 시달리면서도 그 무엇에도 굴하지 않고 성장했다.

하지만 딱정벌레 떼가 몰려들자 나무는 결국 쓰러지고 말았다. 딱정벌레들은 나무의 껍질을 먹어치웠다. 껍질 속으로 파고들어 가서 조금씩, 그러나 쉴새 없이 나무를 공격했고 나무는 점차 버틸 힘을 잃어갔다.

그 긴 세월을 시들지 않았고 수많은 벼락과 폭풍을 견뎌낸 숲의 거대한 나무가, 사람이 한 손가락으로 눌러 죽일 수도 있을 만큼 작은 딱정벌레 때문에 쓰러진 것이다.

어쩌면 우리도 그 숲에 있던 거목과 같은 모습이 아닐까?

사나운 폭풍과 벼락, 눈사태 같은 인생의 시련은 어떻게든 이겨내려 하지만 걱정이라는 조그만 딱정벌레, 너무 작아서 손가락으로 눌러 죽일 수 있는 조그만 벌레가 우리의 마음을 갉아먹도록 내버려두고 있는 것은 아닐까?

마음의 여유를 가지고 걱정거리를 바라보라.
두려운 심정, 다급한 생각이
사소한 걱정을 부풀리고 있는 것은 아닌지 자문해보라.

어쩌면 일상의 작은 여유가
당신의 마음을 갉아먹고 있는 걱정을
쫓아내 줄지도 모를 일이다.

PART 03

현실이라는 벽에
가로막힌 것 같을 때

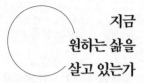

01

지금
원하는 삶을
살고 있는가

인생은 당신에게 일어나는 일 10%와 그것에 어떻게 반응하는지 90%
로 이루어져 있다.

Life is 10% what happens to you and 90% how you react to it.

/ 찰스 R. 스윈돌 Charles R. Swindoll

나는 내가 겪는 문제에 관해 다른 사람을 탓하곤 했었다. 그러
나 나이를 먹고 조금 더 현명해지고 난 뒤, 내게 닥친 불행의 원인
은 대부분 나 자신에게 있음을 알게 되었다. 많은 사람이 나이가
들면서 이러한 사실을 깨닫는다.

세인트헬레나 섬에서 나폴레옹은 말했다.

"내가 몰락한 것은 다름 아닌 나 자신 때문이었다. 나는 나의
가장 큰 적이었으며, 내 비참한 운명의 원인이었다."

◑ 하기 싫은 일은 당장 그만둬라

35년 전, 나는 뉴욕에서 가장 불행한 청년 중 한 명이었다. 나는 생계를 위해 트럭을 팔았다. 트럭이 어떻게 돌아가는지도 몰랐고, 또 알고 싶지도 않았지만 말이다. 나는 내 직업을 경멸했고, 싸구려 가구로 채워진 데다 바퀴벌레까지 득실거리는 웨스트 56번가의 내 방을 경멸했다. 그 방의 벽에는 넥타이 한 묶음이 걸려있었다. 아침에 출근 준비를 하다 넥타이에 손이 닿으면 바퀴벌레들이 사방으로 흩어지던 것이 지금도 기억난다. 매일 밤 나는 실망과 걱정, 비통함과 반항심으로 생겨난 편두통에 시달리며 아무도 없는 방으로 귀가했다. 대학 시절의 꿈이 악몽으로 변한 데 나는 화가 났다.

'이런 삶이었어? 내가 그토록 열망하고 바랐던 활력 넘치는 모험이 겨우 이런 거였단 말이야?'

나는 돈을 많이 버는 것에는 관심이 없었지만, 풍요로운 삶을 사는 데는 관심이 있었다. 간단히 말해, 나는 출발선에 선 대부분의 젊은이가 마주하는 결단의 순간, 청춘의 루비콘 강을 눈앞에 두고 있었던 것이다.

나는 결심했고 그 결심은 내 앞날을 완전히 바꿔놓았다. 내 결심이란 이것이었다.

　내가 싫어하는 일을 그만두는 것.

02

누구도 본인의 동의없이 남을 지배할 만큼 훌륭하지는 않다.

No man is good enough to govern another man without that other's consent.

/ 에이브러햄 링컨 Abraham Lincoln

당신은 이 세상에 없었던 새로운 존재이다. 그것을 기쁘게 생각하라. 자연이 당신에게 준 것을 최대한 활용하라.

당신은 당신 자신만을 노래할 수 있다. 당신 자신만을 그릴 수 있다. 당신은 당신의 경험, 환경, 유전형질에 의해 만들어진 존재일 수밖에 없다.

좋든 싫든, 당신은 당신이 가진 작은 정원을 가꿔야 한다.

좋든 싫든, 당신은 인생이라는 오케스트라에서 당신이 가진 작은 악기를 연주해야 한다.

◑ 성공에 관한 가장 어리석은 생각

한때 나는 배우가 되기를 간절히 꿈꾸었다. 나는 기가 막힌 아이디어를 가지고 있었고, 그것이 성공의 지름길이라고 확신했다. 너무나도 단순하고 절대 실패할 일이 없는 그 방법을, 야망을 가진 수많은 청년이 왜 아직 발견하지 못했는지 의아할 정도였다.

내 아이디어인즉 이랬다. 그 시절 유명한 배우였던 존 드류, 월터 햄프던, 오티스 스키너 같은 이들이 어떻게 성공했는지 연구한 다음 하나하나의 최고 장점을 모방해 나 자신을 그들의 빛나는 집합체로 만든다는 것이었다.

이 얼마나 어리석고 터무니없는 생각이었나!

나 자신이 되어야만 하며 다른 누구도 될 수 없다는 사실을 우둔한 미주리 촌놈의 머리로 깨닫기 전까지, 나는 다른 사람들을 흉내 내면서 긴 시간을 허비했다. 그 쓰라린 경험에서 잊지 못할 교훈을 얻어야 마땅했으나, 나는 그렇지 못했다.

몇 년 후, 직장인을 위한 대중 연설에 관한 책을 쓰기 시작했을 때, 나는 연기에 대한 생각에서 한 발짝도 나아가지 못한 채 또다시 어리석은 생각을 품고 있었다.

즉, 수많은 작가의 저서에서 생각을 빌려와 그것들을 한 권에 담으면, 대중 연설의 모든 것이 담긴 책이 되리라는 것이었다.

그래서 관련된 책들을 구해 그 책에 담긴 생각들을 정리해서 원고를 만드느라 1년을 보냈다.

하지만 다시 바보 같은 짓을 하고 있다는 생각이 들었다. 여러 사람의 생각이 뒤죽박죽된 책은 너무 포괄적이고 따분해서 누구도 끝까지 읽지 못할 것 같았다.

결국, 나는 1년 동안 작업한 원고를 쓰레기통에 던져버리고 다시 처음부터 쓰기 시작했다.

◑ 내가 가장 잘할 수 있는 일

이번에는 스스로 이렇게 다짐했다.

'단점과 능력의 한계가 있긴 하지만, 그럼에도 너는 데일 카네기여야만 해. 절대 다른 누군가가 될 수 없어.'

나는 다른 사람들의 생각을 모으는 것을 그만두고 팔을 걷어붙여 내가 애초부터 해야 했던 일을 시작했다. 그것은 바로 연설을 하고, 연설을 가르치면서 얻은 나의 경험과 관찰 그리고 확신을 토대로 대중 연설에 관한 교재를 쓰는 것이었다.

나는 일찍이 영국의 정치인이자 작가인 월터 롤리Sir Walter Raleigh 경이 말했던 교훈을 깨달았다.

"셰익스피어에 필적할 책을 쓸 수는 없으나, 나다운 책 한 권은 쓸 수 있다."

제임스 고든 길키James Gordon Gilkey 박사에 따르면, '나답게 살고자 하는 문제는 인류의 역사만큼이나 오래되었고, 인간의 삶만큼이나 보편적인 것'이다.

나답게 살지 않으려는 것은 수많은 노이로제와 정신병, 콤플렉스의 숨은 원인이다.

자녀교육을 주제로 13권의 책과 수많은 신문기사를 쓴 안젤로 파트리Angelo Patri는 이렇게 말했다.

"정신적으로나 육체적으로나 자신이 아닌 다른 누군가가 되기를 바라는 사람보다 불행한 사람은 없다."

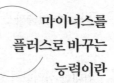

03

마이너스를
플러스로 바꾸는
능력이란

인생은 짧고, 달콤하게 만드는 것은 당신의 몫이다.

Life is short, and it is up to you to make it sweet.

/ 세라 루이스 들라니 Sarah Louise Delany

'레몬이 생기면, 레모네이드를 만들어라.'

이것이야말로 위대한 교육자가 하는 방법이다. 하지만 어리석은 사람은 그와 반대로 한다. 인생으로부터 시큼한 레몬을 건네받으면 단념하고 이렇게 말하는 것이다.

"나는 졌어. 이게 내 운명이야. 더 이상 기회는 없어."

반대로, 현명한 사람은 레몬이 주어지면 이렇게 말한다.

"이 불행에서 내가 얻을 수 있는 교훈은 무엇일까? 어떻게 해야 이 상황을 개선할 수 있을까? 어떻게 해야 이 레몬을 레모네이드로 바꿀 수 있을까?"

위대한 심리학자 알프레드 아들러Alfred Adler는 평생 인간과 인간의 잠재력에 대해 연구한 결과, '마이너스를 플러스로 바꾸는 능력'이야말로 인간의 경이적인 특성 중 하나라고 말했다.

◗ 레몬이 생기면 레모네이드를 만들어라

너무나 낙담하여 레몬을 레모네이드로 바꿀 희망이 거의 없어 보인다 해도, 일단은 시도해봐야 하는 두 가지 이유가 있다. 득이 되면 되었지 손해 볼 게 없는 그 두 가지 이유는 다음과 같다.

첫째, 성공할지도 모른다는 것이다.
둘째, 성공하지 못한다 해도, 마이너스를 플러스로 바꾸고자 하는 시도를 통해, 더는 뒤돌아보며 과거에 연연하지 않고 앞을 바라보게 될 것이다.

즉, 마이너스를 플러스로 바꾸고자 하는 시도는 부정적인 생각을 긍정적인 생각으로 바꿔놓으며 창조적인 에너지를 발산하고 분주하게 살게끔 만든다. 지나간 과거에 얽매여 슬퍼할 시간과 여유가 없어질 것이다.

세계적으로 유명한 바이올리니스트 올레 불Ole Bull이 파리에서 연주회를 하던 중 그의 바이올린 A현이 갑자기 끊어졌다. 하지만 올레 불은 나머지 세 현만으로 연주를 마쳤다.

이를 두고, 유명 성직자이자 개신교 설교자인 해리 에머슨 포스딕Harry Emerson Fosdick은 말했다.

"A현이 끊어지면 나머지 세 현으로 연주를 마치는 것. 그것이 인생이다."

그것은 그냥 인생이 아니다. 인생 그 이상의 것이다. 승리한 인생인 것이다!

◑ 당신이 저주하는 운명이 당신을 돕게 하라

위업을 달성한 사람들을 연구하면 할수록, 나는 놀라울 정도로 많은 사람이 악조건에서 시작했기 때문에 성공했음을 확신하게 되었다. 악조건을 가졌기에 더 큰 노력을 기울이고 더 큰 보상을 기대하게 되었던 것이다.

윌리엄 제임스는 이렇게 말했다.

"뜻밖에도 약점이 우리를 돕는다."

어쩌면 영국의 시인 존 밀턴John Milton은 눈이 보이지 않았기에 더 훌륭한 시를 지을 수 있었고, 위대한 음악가 루트비히 판 베토벤Ludwig van Beethoven은 귀가 들리지 않았기에 더 훌륭한 음악을 작곡했는지도 모른다. 또 헬렌 켈러의 눈부신 업적은 그녀가 보지 못하고 듣지 못했기에 가능했는지 모른다. 러시아의 위대한 작곡가 차이콥스키Pyotr Il'yich Tchaikovsky가 비극적인 결혼 생활 때문에 자살 직전까지 몰렸을 정도로 좌절하지 않았더라면, 그의 삶이 비참하지 않았더라면 불후의 명곡 '비창'은 작곡되지 못했을 것이다. 소설가 도스토옙스키Dostoevskii와 톨스토이Leo Tolstoy

가 그토록 고통스러운 삶을 살지 않았더라면, 그들은 절대 불멸의 소설을 쓰지 못했을 것이다.

지구 상의 생명에 관한 개념을 바꿔놓은 한 사람은 이렇게 썼다. "만약 내가 그렇게 심한 환자가 아니었다면, 나는 내가 이뤄낸 많은 일을 해낼 수 없었을 것이다."

뜻밖에도 약점의 도움을 받았다는 이 고백의 주인공은 바로 찰스 다윈Charles Robert Darwin이다.

영국에서 다윈이 태어났던 바로 그 날, 켄터키 주의 어느 숲 속 통나무집에서 또 다른 아기가 태어났다. 그 아이 또한 약점의 도움을 받았다. 그의 이름은 에이브러햄 링컨Abraham Lincoln이다.

만일 그가 상류층 집안에서 자라나 하버드 법대를 졸업하고 행복한 결혼생활을 했더라면, 그는 결코 영원히 회자될 명구절들을 마음속에서 발견해내지 못했을 것이다. 게티즈버그에서 했던 영원히 기억될 연설과 더불어, 그 어떤 지도자가 남긴 것보다도 아름답고 숭고한 문구인 '누구에게도 악의를 품지 말고 모든 이에게 자비심을'로 시작되는, 자신의 두 번째 대통령 취임식에서 낭송했던 시를 말이다.

◑ 사막은 변하지 않았다, 그녀가 변했을 뿐

마이너스를 플러스로 바꾼 어느 여성의 흥미롭고도 교훈적인 이야기를 소개하겠다. 그녀의 이름은 셀마 톰슨으로, 뉴욕 시 모닝사이드 100번지에 살고 있다. 그녀는 나에게 자신의 경험을 들려주었다.

"전쟁 때 제 남편은 캘리포니아 모하비 사막 근처의 육군 훈련소에 배치되었습니다. 남편과 함께 지내기 위해 그곳으로 이사했지만, 저는 그곳이 싫었어요. 정말 끔찍했죠. 그렇게 비참했던 적은 없었어요.

남편은 작전을 수행하기 위해 모하비 사막으로 출동했고, 저는 작은 오두막에 혼자 남았어요. 선인장 그늘 아래서도 50도가 넘는 무더위는 정말 견디기 힘들었어요. 주위에는 멕시코인들이나 아메리카 원주민들뿐이었는데, 그들은 영어를 할 줄 몰랐기 때문에 대화 상대조차 없었죠.

끊임없이 불어대는 모래바람 때문에 먹는 음식이고 숨 쉬는 공기고 할 것 없이 모래투성이였어요. 너무나도 비참하고 처량했어요. 부모님께 이제 포기하고 집으로 돌아가겠다고 편지를 썼습니다. 정말 더는 못 견디겠다고도 했어요. 차라리 감옥에 가는 편이 낫겠다고요!

그러자 아버지는 단 두 줄만을 적어 답장을 보내셨습니다. 그 두 줄은 앞으로도 언제나 제 기억 속에 남아있을 거예요, 제 삶을 완전히 바꿔놓았거든요.

"두 사람이 감옥 창살 밖을 내다보았다. 한 사람은 땅의 진흙탕을 보았고, 다른 한 사람은 하늘의 별을 보았다."

저는 이 두 줄을 읽고 또 읽었습니다. 자신이 부끄러웠어요. 그 때부터 저는 현재 상황에서 좋은 면을 찾아내자고 다짐했습니다. 하늘의 별을 보기로 한 것이죠.

저는 우선 원주민들과 친해졌습니다. 친구가 되자 그들의 반응은 놀라웠어요. 그들이 만든 직물과 도자기에 관심을 보였더니, 관광객들에게는 팔기를 거절했던, 그들이 가장 아끼는 것을 제게 선물로 주었습니다.

저는 매혹적인 형태의 선인장과 유카, 조슈아 트리를 연구했습니다. 또한 프레리도그남아메리카 등지에 서식하는 다람쥣과 동물에 대해 배웠으며, 사막의 낙조를 관찰하고, 모래 속에서 수만 년 전 그곳이 사막이 아니라 해저였다는 걸 증명하는 조개껍질을 수집하러 다녔습니다.

대체 무엇이 저를 이토록 놀랍게 변화시켰을까요? 모하비 사막은 변하지 않았습니다. 그곳 사람들도 마찬가지고요. 제가 변했을 뿐이지요. 마음의 태도를 바꾼 거예요.

그렇게 저는 비참했던 경험을 제 인생에서 가장 흥미진진한 모험으로 바꿨어요. 저는 제가 발견한 새로운 세상으로부터 자극받고 흥분했습니다. 제가 겪은 너무나도 신나는 일들에 관해 책도 썼어요. 저는 제 자신이 만든 감옥 너머로 별을 찾아낸 것입니다."

셀마 톰슨, 그녀는 예수가 태어나기 500년 전에 그리스에서 가르쳤던 오래된 진리를 발견했던 것이다.

'가장 좋은 것이 가장 어려운 것이다.'

◑ 북풍이 바이킹을 만들었다

해리 에머슨 포스딕Harry Emerson Fosdick은 그의 저서 『통찰력』에서 이렇게 말했다.

"사람들이 삶의 표어로 삼을 만한 스칸디나비아 속담이 있다. '북풍이 바이킹을 만들었다'라는 말이 그것이다.

안정되고 쾌적하며, 어려움 없는 편안한 삶이 사람들을 선하고 행복하게 만든다는 생각은 도대체 어디서 나온 것인가? 그렇기는커녕, 자기 연민에 빠진 사람들은 푹신한 방석 위에 누워있을 때조차 자기 자신을 동정한다.

하지만 역사를 보면, 환경이 좋고 나쁘고 보통이고에 관계없이 어떤 상황에서나 자신에게 주어진 책임을 떠맡은 사람들에게 명성과 행복이 따랐다. 그런 식으로 북풍이 계속 바이킹을 만들어 온 것이다."

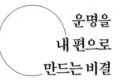

운명을
내 편으로
만드는 비결

04

당신은 당신이 생각하는 당신이 아니다. 당신의 생각이 바로 당신이다.

you are not what you think you are; but what you think, you are.

/ 노먼 빈센트 필 Norman Vincent Peale

창세기에 따르면 하나님은 인간에게 온 세상에 대한 지배권을 주셨다. 실로 엄청난 선물이다. 하지만 나는 그렇게 굉장한 특권에는 관심이 없다.

내가 원하는 것은 '나 자신'에 대한 지배권뿐이다. 즉. 나의 생각과 나의 두려움, 나의 마음과 정신을 지배할 수 있기를 바란다.

놀라운 사실은 행동을 통제하는 것만으로도 언제든 이런 지배력을 확보할 수 있다는 것이다.

행동을 통제하면 내면의 반응을 통제할 수 있기 때문이다.

몇 해 전, 어느 라디오 프로그램에서 다음과 같은 질문을 받았다.

"지금까지 인생에서 배운 것 중 가장 큰 교훈은 무엇입니까?"

답은 간단했다. 누군가 내게 다시 똑같은 질문을 한대도 나는 단연 '생각의 중요성'을 꼽을 것이다. 만약 당신이 무슨 생각을 하는지 알 수 있다면, 나는 당신이 어떤 사람인지도 알 수 있을 것이다.

생각이 사람을 만든다. 마음가짐은 우리의 운명을 결정짓는 미지의 요인이다.

에머슨은 말했다.

"온종일 생각하는 것, 그것이 바로 그 사람이다."

나는 우리가 해결해야 할 가장 큰 문제이자 실상 우리가 해결해야 할 거의 유일한 문제는 올바른 생각을 선택하는 일임을 확신한다. 만약 그렇게 할 수 있다면, 우리는 모든 문제를 해결할 수 있는 탄탄대로에 오르는 것이다.

　　로마제국을 통치했던 위대한 철학자 마르쿠스 아우렐리우스 Marcus Aurelius는 그것을 여덟 단어로 요약했다. 당신의 운명을 좌우할 수도 있는 그 여덟 단어는 다음과 같다.

　　우리의 생각이 우리의 인생을 만든다.
　　Our life is what our thoughts make it.

　　그렇다. 행복한 생각을 하면 행복해질 것이다. 불행한 생각을 하면 불행해질 것이다. 두렵다고 생각하면 두려워질 것이고, 아프다고 생각하면 아마 병이 날 것이다. 실패를 생각하면 분명히 실패할 것이고, 자기 연민에 빠지면 모두가 멀리하고 피할 것이다.

◑ 마음의 힘은 결코 막연하지 않다

마음가짐은 육체적인 힘에도 믿을 수 없을 만큼 놀라운 영향을 미친다.

영국의 유명한 정신의학자 J.A. 해드필드James Arthur Hadfield는 삽화들이 눈에 띄는 그의 훌륭한 저서『힘의 심리학』에서 매우 놀라운 사례들을 소개했다.

"심리 암시가 힘에 미치는 영향을 알아보기 위해 세 명의 남성에게 실험에 참가할 것을 요청했습니다."

그는 실험에 참여한 사람들에게 온 힘을 다해 악력계를 쥐라고 요구했다. 단, 세 가지의 다른 조건에서 실험이 진행됐다.

첫 번째 실험은 일반적인 상황에서 진행됐다. 측정 결과, 실험자들의 평균 악력은 46킬로그램이었다.

두 번째에서는 실험자들에게 '당신은 매우 약한 사람'이라는 최면을 걸었다. 그러자 그들의 악력은 고작 13킬로그램밖에 되지 않았다. 평상시 평균 악력의 1/3 수준에도 못 미친 것이다. (이 세 사람 중 한 명은 수상 경력이 있는 프로 권투선수였는데, 최면에 걸

렸을 때 자신의 팔이 '마치 아기 팔처럼 작게 느껴졌다'고 말했다.)

세 번째 실험에서 해드필드는 반대로 실험 참가자들에게 최면을 걸어 '당신은 매우 강하다'고 암시를 주었다. 그러자 그들의 평균 악력은 64.4킬로그램으로 측정되었다.

즉, 자기 자신의 힘에 대한 긍정적인 생각이 실제로 그들의 육체적인 힘을 거의 500퍼센트나 증가시켰던 것이다.

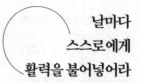

날마다
스스로에게
활력을 불어넣어라

05

낙관적으로 보는 것은 멋진 일이다. 그것은 당신을 건강하게 하고 회복력을 유지시켜 준다.

It's a wonderful thing to be optimistic. It keeps you healthy and it keeps you resilient.

/ 대니얼 카너 Daniel Kahneman

날마다 자신에게 격려의 말을 하라는 조언이 어리석고 유치하게 들리는가? 아니다. 반대로 이것이야말로 건전한 심리학의 핵심이다.

'우리의 인생은 우리가 생각하는 대로 만들어진다.'

이 말은 1,800년 전 마르쿠스 아우렐리우스가 그의 책 『명상록』에 처음 썼을 때와 마찬가지로, 오늘날에도 여전한 진리이다.

매시간 스스로에게 격려의 말을 건네면 용기가 솟아오르고 행복해지며, 힘과 평화를 얻을 수 있다. 감사해야 하는 것들에 대해 스스로에게 말을 건네면 기운이 솟아오르는 즐거운 생각들로 마음을 가득 채울 수 있다.

◑ 지루함이 당신의 능력을 퇴화시킨다

컬럼비아 대학교 에드워드 손다이크Edward Thorndike 박사는 청년들을 대상으로 피로에 관한 실험을 실시했다. 계속해서 흥미를 유발하는 방식으로 실험 참가자들이 거의 일주일간 잠을 이루지 못하도록 한 이 실험을 비롯해, 여러 연구 결과를 살펴본 결과, 손다이크는 이렇게 말했다.

"작업 능률을 떨어뜨리는 실제 원인은 바로 지루함이다."

만약 당신이 정신노동자라면, 실제 수행한 업무량 때문에 피곤해지는 경우는 드물다. 당신이 피곤한 이유는 당신이 하지 않은 업무량 때문이다. 이해를 돕기 위해, 계속 방해받는 바람에 본인이 해야 할 일을 제대로 할 수 없는 하루를 상상해 보자.

당신은 업무 메일에 회신도 하지 못한다. 약속이 깨지고, 여기 저기서 문제가 터져 나온다.

그야말로 되는 일이 없는 하루다! 아무것도 한 일이 없는 데도 당신은 깨질듯한 머리를 부여잡고 녹초가 되어 집으로 돌아온다.

그리고 이튿날, 이번에는 모든 일이 순조롭게 돌아간다고 해 보자.

당신은 어제보다 40배는 많은 양의 업무를 해내지만, 새하얀 치자나무 꽃처럼 상쾌한 기분으로 집에 돌아온다. 누구나 이런 경험이 있을 것이다. 나도 그렇다.

여기서 배워야 할 교훈은?

우리의 피로는 대개 일 자체 때문이 아니라 걱정, 좌절, 억울함 때문에 생긴다는 것이다.

이 챕터를 쓰던 중 나는 제롬 컨의 재미있는 뮤지컬 코미디 〈쇼 보트〉를 보러 갔다. 코튼 블라섬 호의 앤디 선장이 등장하는 철학적인 장면에서 그는 이렇게 말한다.

"일을 즐기는 사람들은 운이 좋은 이들이다."

남들보다 활기차고 행복하게 일하면서 걱정과 피로를 덜 느낄 수 있으니, 실로 운이 좋은 사람들이라 할 수 있을 것이다. 흥미가 있는 곳에 활력도 있다.

◑ 일에서 행복을 찾아라

　당신의 사장은 당신이 업무에 흥미를 가지고 회사에 더 많은 돈을 벌어다 주기를 바란다. 하지만 사장이 무엇을 원하는지는 생각하지 말자.

　일에 흥미를 갖는 것이 당신의 인생에 어떤 영향을 미칠지만 생각하자.

　우리는 깨어 있는 시간의 절반 정도를 일하면서 보낸다. 따라서 일에서 흥미를 느낀다면 행복이 두 배로 커질 것이며, 만일 그렇지 못한다면 어디서도 행복을 찾기 힘들 것이다.

　일에 흥미를 가지면 걱정이 사라지고, 그것이 결국 승진과 더 많은 급여를 가져다주리란 사실을 기억하라. 설사 그렇지 않더라도, 피로를 최소화시켜 여가 시간을 즐기는 데는 도움이 될 것이다.

미국 최대의 고무 제조 회사의 회장이 내게 들려준 이야기다.

그가 직접 관찰한 바에 따르면, 자기 일을 즐기지 않는 사람이 성공하는 일은 거의 없다고 한다. 업계를 선도하고 있는 그는 '열심히 일하는 것만이 소망을 이룰 수 있는 마법의 열쇠'라는 옛말을 그다지 믿지 않는 것 같았다. 그는 말했다.

"처음에는 놀이하듯 일을 즐김으로써 성공했던 사람들이 나중에 그것을 그저 일로만 인식한 나머지 즐거움을 잃고 지루해하다가 결국 실패하는 경우를 많이 봤습니다."

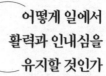

06

수면은 건강과 우리의 몸을 하나로 묶는 황금 사슬이다.

Sleep is that golden chain that ties health and our bodies together.

/ 토머스 덱커 Thomas Dekker

세계적인 발명가 에디슨Edison은 자신의 엄청난 활력과 지구력은 자고 싶을 때마다 잠을 자는 습관 덕분이라고 했다.

나는 헨리 포드가 80세 생일을 맞이하기 직전에 그와 만나 인터뷰를 가졌다. 나는 생기 넘치고 건강한 그의 모습에 놀라지 않을 수 없었다. 비결을 물었더니 그는 이렇게 대답했다.

"저는 앉을 수 있을 때 절대 서 있지 않습니다. 그리고 누울 수 있을 때는 절대 앉아 있지 않아요."

◑ 왕성한 활동력의 비밀

　제2차 세계대전 당시 윈스턴 처칠Winston Churchill은 60대 후반에서 70대 초반의 적지 않은 나이임에도, 하루 16시간씩 일하며 전쟁을 지휘했다. 경이적인 기록이다. 그의 왕성한 활동력의 비결은 무엇이었을까?

　그는 매일 아침 11시까지 침대 위에서 서류를 읽고, 명령을 내리며, 전화를 하고, 중요한 회의를 가졌다. 점심 이후에는 다시 침대로 가서 한 시간 동안 잠을 잤다. 저녁이 되면 저녁 식사를 하는 8시 전에 두 시간 동안 잠을 잤다. 그는 따로 피로를 풀지 않았다. 딱히 그럴 필요도 없었다. 피로가 쌓이는 것을 예방했기 때문이다. 자주 휴식을 취했던 덕분에 그는 자정이 넘은 시각까지 왕성하게 일할 수 있었다.

◑ 당신이 피곤한 진짜 이유

다시 한번 짚고 넘어갈 놀랍고도 중요한 사실은, 정신노동만으로는 피곤해지지 않는다는 것이다.

내 이러한 주장이 터무니없는 말처럼 들릴지도 모른다. 그러나 과학자들은 이미 인간의 두뇌가 피로의 과학적 정의인 '노동력 감소'에 이르지 않고 얼마나 오래 일할 수 있는지 알아내기 위한 실험을 진행했다. 그리고 놀라운 결과를 얻었다.

뇌가 활동하고 있을 때 뇌로 공급되는 혈액에서 피로증상이 전혀 나타나지 않았던 것이다.

일하고 있는 육체노동자의 혈관에서 채취한 혈액을 분석하면 '피로 독소'와 '피로 생성물'이 가득한 것을 볼 수 있다. 반면, 알베르트 아인슈타인의 뇌에서 피 한 방울을 채취해 분석한다면 피로 독소를 전혀 찾을 수 없을 것이다.

뇌만 놓고 보자면, 뇌는 '여덟 시간, 심지어 열두 시간 일한 뒤에도 처음과 마찬가지로 신속하게' 일할 수 있다.

뇌는 절대 지치지 않는다. 그렇다면 당신이 피로해지는 것은 무엇 때문인가? 정신의학자들은 피로가 대개 정신적이고 감정적 태도에서 비롯된다고 말한다.

해드필드는 자신의 저서 『힘의 심리학』에서 이렇게 말했다.
"우리를 괴롭히는 피로의 대부분은 정신적인 데서 기인한다.
전적으로 육체적인 원인 때문에 피로해지는 경우는 드물다."

저명한 심리학자 A. A. 브릴Abraham Arden Brill 박사는 한발 더
나아가 "건강한 상태의 사무직 노동자가 피로를 느끼는 이유는
100퍼센트 심리적 요인 때문이다. 그리고 그 심리적 요인이란 바
로 감정 요인을 뜻한다"고 주장했다.

대체 어떤 종류의 감정적 요인이 사무직 (또는 앉아서 일하는)
노동자를 피로하게 만드는 것일까?
기쁨? 만족? 아니다. 절대 그렇지 않다!
권태, 억울함, 제대로 인정받지 못하고 있다는 느낌, 무의미하
다는 느낌, 초조, 불안, 걱정 등등……
이러한 정서적 요인들이 사무직 노동자를 피곤하게 하고, 감기
에 걸리기 쉽게 하고, 생산성을 떨어뜨리며, 신경성 두통을 가지
고 귀가하게끔 만드는 것이다.

그렇다. 우리가 피로해지는 진짜 이유는 이러한 감정들이 몸속에서 신경성 긴장을 일으키기 때문이다.

◑ 긴장도 습관이다

지금 당장 잠시 하던 일을 멈추고 자기 자신을 진단해보자.

이 글을 읽는 동안 당신은 인상을 찌푸리고 있지 않았는가? 미간에 긴장이 느껴지는가? 의자에 편하게 앉아 있는가? 어깨를 웅크리고 있는가? 얼굴 근육이 긴장되어 있지는 않은가?

만약 낡은 봉제인형처럼 온몸의 힘을 빼고 편안하게 늘어져 있지 않다면, 이 순간 당신의 신경과 근육은 긴장하고 있는 것이다. 당신은 지금 신경성 긴장과 피로를 만들어내고 있다!

왜 우리는 정신노동을 하면서 이처럼 불필요하게 긴장하곤 하는 걸까?

『왜 피로한가Why Be Tired』를 쓴 다니엘 조슬린Daniel W. Josselyn은 이렇게 말한다.

"노력하고 있다는 기분이 들어야 열심히 일하는 것이고, 그렇지 않으면 제대로 하는 것이 아니라는 보편적인 믿음이 문제의 핵심이다."

바로 그 이유로, 우리는 집중할 때 인상을 쓰고 어깨를 구부정하게 웅크린다. 실상 두뇌 활동에는 전혀 도움이 되지 않는데도 불구하고, 그저 노력하고 있다는 느낌을 얻기 위해 쓸데없이 근육을 동원하고 있는 것이다.

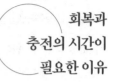

07

회복과
충전의 시간이
필요한 이유

한가한 시간은 그 무엇과도 바꿀 수 없는 재산이다.
Free time is the irreplaceable property.
/ 소크라테스 Socrates

놀랍고도 비극적인 진실 하나가 있다. 돈이라면 꿈에도 낭비할 생각이 없는 사람들이 에너지는 싱가포르의 술 취한 선원들처럼 분별없이 낭비하고 소모한다는 사실이다.

신경성 피로의 해답은 무엇인가?

바로 휴식! 오로지 휴식뿐이다! 일하면서도 쉴 수 있는 방법을 배워야 한다.

물론 이는 바쁜 세상을 살아가는 당신에게 쉬운 일이 아니다.

어쩌면 평생의 습관을 바꿔야 할지도 모른다. 하지만 충분히 노력할만한 가치가 있다. 당신의 인생에 획기적인 변화를 가져다줄 것이기 때문이다.

윌리엄 제임스는 그의 수필 『휴식의 복음서』에서 이렇게 말했다.

"미국인들에게 나타나는 지나친 긴장, 경련, 숨 막힘과 격렬함, 고통 등은 나쁜 습관일 뿐, 그 이상도 이하도 아니다."

긴장은 습관이다. 휴식도 습관이다. 그리고 나쁜 습관은 고칠 수 있고, 좋은 습관은 들일 수 있다.

◑ 휴식은 회복이다

미 육군은 반복적인 실험 끝에 수년간 군사훈련으로 다져진 젊은 병사들도 한 시간에 10분씩은 군장을 내려놓고 휴식을 취해야 행군을 더 잘할 수 있고, 더 오래 견딜 수 있다는 걸 알았다. 이런 이유로 육군 병사들은 실제로 그렇게 훈련한다.

당신의 심장은 미 육군만큼이나 똑똑하다. 당신의 심장은 철도의 유조차 하나를 가득 채울 만큼의 혈액을 매일 몸속으로 흘려보낸다. 심장이 24시간 동안 소모하는 에너지는 20톤 무게의 석탄을 바닥에서 1미터 정도의 높이로 들어 올리는 힘과 맞먹는다. 심장은 이렇게 믿을 수 없을 정도의 중노동을 50년, 70년, 혹은 90년 동안 계속한다.

심장은 어떻게 그것을 견딜 수 있는 것일까? 하버드 의과대학의 월터 캐논 박사Walter Bradford Cannon는 이렇게 설명한다.

"대부분 사람들은 심장이 쉬지 않고 일한다고 생각합니다. 하지만 실제로는 한 번 수축할 때마다 일정한 휴식기를 가집니다. 보통 1분에 70번 박동한다고 하면, 실제로 작동하는 시간은 24

나를 힘들게 한 건 언제나 나였다

시간 중 9시간 정도입니다. 전체적으로 보면 심장은 하루에 총 15시간 정도 쉬고 있습니다."

◖ 활력의 기본은 체력이다

당신은 어떻게 휴식을 취하는가? 마음의 휴식부터 시작하는가, 아니면 곤두선 신경을 푸는 데서부터 시작하는가? 둘 중 어느 쪽도 정답은 아니다. 모든 휴식의 기본은 바로 '근육의 휴식'에서 시작된다.

한 번 시도해보자. 등을 기대고 앉아 눈을 감고, 당신의 눈에게 조용히 말해보자.

"괜찮다, 이제 괜찮다. 긴장을 풀고, 그만 찡그려도 좋다. 괜찮다, 이제 괜찮다."

1분간 아주 천천히 이 말을 되풀이한다. 몇 초 지나지 않아 눈 주위 근육들이 당신의 말에 따라 반응하는 것이 느껴질 것이다. 마치 어떤 손이 긴장을 풀어주는 것 같은 기분이 들 것이다.

놀랍게도 방금 당신은 1분 사이에 휴식을 취하는 중요한 비결을 전부 터득했다. 이 같은 방법은 턱과 얼굴의 근육, 목, 어깨 등 몸 전체에 사용할 수 있다.

하지만 신체에서 무엇보다 중요한 기관은 눈이다. 시카고 대학교의 에드먼드 제이콥슨Edmund Jacobson 박사는 만약 눈 근육을 완전히 이완시킬 수 있다면 모든 근심을 잊을 수 있다고 말했을 정도이다!

신경성 긴장을 완화하는 데는 눈이 가장 중요하다. 우리 몸이 소비하는 신경성 에너지의 1/4이 눈에서 소모되기 때문이다. 그것은 또한 시력 좋은 사람들이 눈의 피로를 더 많이 느끼는 이유이기도 하다. 그들은 눈을 혹사시키고 있는 것이다.

◑ 오래된 양말처럼 축 늘어져 보기

오스트리아의 극작가이자 소설가 비키 바움Vicki Baum은 어린 시절, 그녀 인생에서 가장 중요한 교훈을 가르쳐준 한 노인을 만났다.

어린 바움은 길을 가다가 넘어져 무릎에 상처를 입고 손목을 다쳤다. 오래전 서커스 어릿광대였던 노인이 이를 발견하고 그녀를 일으켜 주었다. 그녀의 몸에 묻은 흙을 털어주며 노인이 말했다.

"네가 다친 이유는 힘을 빼는 법을 몰라서란다. 오래 신어 낡은 양말처럼 유연해져야 해. 어떻게 하는지 가르쳐줄 테니 이리 와 보렴."

노인은 그녀와 다른 아이들에게 넘어지는 법, 몸을 뒤집는 법, 재주 넘는 법을 가르쳐주었다. 그러면서 계속해서 이렇게 말했다.

"자신을 낡은 양말이라고 생각하렴. 반드시 힘을 빼야만 한단다!"

당신은 짬짬이 휴식을 취할 수 있다. 그러나 쉬려고 노력해서는 안 된다. 진정한 휴식이란 긴장에서 벗어나 어떠한 노력도 하지 않는 상태다.

당신의 몸을 낡은 양말이라 생각하고 축 늘어뜨려라!

나 또한 종종 일하는 책상 위에 낡은 밤색 양말을 올려두고 축 늘어져야 한다는 걸 상기한다.

양말이 없으면 고양이도 좋다. 햇볕을 받으며 꾸벅꾸벅 졸고 있는 새끼 고양이를 안아올려 본 적이 있는가? 새끼 고양이의 몸은 젖은 신문지처럼 늘어진다. 심지어 인도의 요가 수행자들도 휴식의 기술을 터득하고 싶으면 고양이를 연구하라고 말한다. 나는 지쳐 있는 고양이나 신경쇠약에 걸린 고양이, 불면증이나 걱정, 위궤양으로 고생하는 고양이는 본 적이 없다.

고양이처럼 이완하는 법을 배운다면 당신도 그런 불행들을 피할 수 있을 것이다.

◑ 휴식을 습관화하라

하루를 마감하면서 스스로를 점검하고 자신에게 물어보라.

'정확히 나는 얼마나 피곤한가? 피곤하다면 정신노동 때문이 아니라 내가 일하는 방식에 문제가 있는 것이다.'

다니엘 조슬린은 이렇게 말했다.

"나는 하루를 마감할 때 '얼마나 내가 피곤한가'가 아니라 '얼마나 피곤하지 않은가'로 그날의 성과를 판단한다. 특별히 피곤하다고 느껴지거나, 지친 나머지 짜증이 날 때에는 의심할 여지 없이 양적으로나 질적으로 비효율적인 하루였다는 것을 알 수 있다."

일과 중에도 짬을 내어 너덧 번 정도 스스로 점검하고 자신에게 물어보라.

'필요 이상으로 힘들게 일하고 있지는 않은가?'

'내가 하는 일과 상관없는 근육을 사용하고 있지는 않은가?'

이렇게 하면 휴식하는 습관을 들이는 데 도움이 될 것이다.

데이비드 헤럴드 핑크David Harold Fink 박사는 말했다.

"심리학을 가장 잘 아는 사람들을 보면 둘 중 한 명은 이런 습관을 가지고 있습니다."

08

긴장과 압박에서 벗어나기 위한 조언

때때로 하루 종일 가장 중요한 것은 우리가 두 번의 심호흡 사이에 취하는 휴식이다.

Sometimes the most important thing in a whole day is the rest we take between two deep breaths.

/ 에티 힐레섬 Etty Hillesum

펜실베이니아 대학 의과대학원 교수 존 스토크스John H. Stokes 박사는 미국의학협회의 전국 회의에서 〈기질성 질환의 합병증으로서의 기능성 신경증〉이라는 논문을 발표했다.

논문에서 스토크스 박사는 '환자의 정신 상태에 대해 확인해야 할 것들'이라는 제목으로 11가지 항목을 열거했다. 그 목록의 첫 번째 항목은 다음과 같다.

"꼭 해야 한다는 의무감. 끝없이 펼쳐져 있는 할 일들."

시카고 앤 노스웨스턴 철도회사Chicago and North Western Trans-portation Company의 사장 롤란드 윌리엄스는 말한다.

"책상에 온갖 잡다한 일과 관련된 서류를 높이 쌓아놓은 사람이라면 지금 하고 있는 일과 관련된 서류만 남기고 나머지는 치워버리십시오. 그러면 훨씬 쉽고 정확하게 일할 수 있다는 걸 알게 될 것입니다. 올바른 정리정돈이야말로 일의 능률을 높이는 첫걸음입니다."

워싱턴 D.C.에 있는 국회도서관에 가면 천장의 짧은 글귀를 볼 수 있다. 그 글귀는 시인 알렉산더 포프Alexander Pope가 남긴 것이다.

'질서는 하늘의 제1법칙이다.'

업무의 제1법칙도 질서여야 한다.

하지만 우리는 어떠한가? 직장인의 책상 위에는 대개 몇 주째 들여다보지 않은 서류들로 어수선하다. 뉴올리언스의 어느 신문사 사장은 비서에게 책상 정리를 부탁했다가, 무려 2년 만에 잃어버린 줄 알았던 타자기를 찾았다고 한다!

　회신하지 않은 편지와 보고서, 메모가 널려있는 책상은 바라보는 것만으로도 혼란, 긴장, 걱정을 불러일으킨다. 어쩌면 그보다 더 나쁜 결과를 가져올 수도 있다.

　책상을 볼 때마다 '할 일은 많고 시간은 없다'라는 생각이 계속되는 바람에 긴장과 피로가 생겨나고, 고혈압, 심장질환, 위궤양까지 얻을 수 있다.

◗ 중요한 순서대로 일하라

전국적 규모의 석유회사 시트고Citgo Petroleum Corporation의 창립자 헨리 도허티Henry Latham Doherty에 따르면, 급여를 아무리 많이 줘도 찾기 힘든 두 가지 능력이 있다고 한다.

값을 매길 수 없는 그 두 가지 능력이란,
첫째는 사고하는 능력이고
둘째는 중요한 순서대로 일할 수 있는 능력이다.

찰스 럭맨Charles Luckman은 무일푼으로 시작해 12년 만에 펩소던트Pepsodent 사의 사장이 되었다. 그는 십만 달러의 연봉을 받았고 재산은 백만 달러에 달했다.

럭맨은 자신이 성공한 것은 헨리 도허티가 말했던 바로 그 '돈으로 얻을 수 없는 두 가지 능력' 덕분이라고 단언했다. 그는 이렇게 말했다.

"제가 기억하는 한, 아주 오래전부터 저는 새벽 다섯 시에 일어났습니다. 새벽 다섯 시가 하루 중 아이디어가 가장 잘 떠오르는 시간이기 때문이죠. 생각을 잘할 수 있기 때문에 그 시간에 하루

일정을 짜고, 중요한 순서대로 일할 수 있도록 계획을 세웁니다."

만일 세계적인 아일랜드의 극작가 조지 버나드 쇼George Bernard Shaw가 중요한 일을 먼저 한다는 원칙을 엄격히 지키지 않았다면, 그는 성공한 작가는커녕 일생을 은행원으로 살았을 것이다.

그는 하루에 다섯 장의 글을 쓴다는 계획을 세웠다. 9년 동안 그가 벌어들인 돈은 다 해봐야 30달러로 하루에 고작 1페니 정도를 벌어들인 셈이지만, 그 계획 덕분에 9년이라는 참담한 기간 동안 매일 다섯 쪽의 글을 써나갈 수 있었다.

◑ 미루지 말고 바로 그 자리에서 해결하라

예전 내 강좌의 수강생 중 한 명이었던 H.P.하웰Howel이 자신이 종합 제철 회사인 US스틸United States Steel Corporation의 이사로 재직하던 때의 이야기를 들려주었다.

그가 참석하는 이사회 회의는 툭하면 길어졌고, 많은 안건을 논의했지만 결의되는 것은 몇 건 되지 않았다. 그 결과 이사회에 참석한 사람들은 검토해야 할 보고서를 잔뜩 안고 집으로 돌아가야만 했다.

이에, 하웰은 한 번에 하나의 문제를 다루자고 이사회를 설득했다.

그러자 회의시간이 늘어지거나 결정을 미루는 일이 없어졌다. 최종적으로 결의하기에 앞서 추가적인 사실 확인이 필요한 경우도 있었고, 어떤 일을 더 하고 말고에 관련된 이야기도 오갔으나, 개별 안건들은 다음 안건으로 넘어가기에 앞서 모두 결론에 도달했다.

그 결과는 놀랍도록 유익했다고 하웰은 말했다. 안건 목록은 정돈되었고, 할 일을 적어뒀던 달력도 깨끗해졌다. 이사회 임원들은 보고서들을 잔뜩 들고 집으로 돌아가지 않아도 되었다. 해결하지 못한 안건들에 대한 걱정도 자연히 사라졌다.

이것은 U.S.스틸 사 이사회뿐 아니라 우리 모두에게 유익한 규칙이다.

◗ 책임을 혼자 지려 하지 마라

많은 직장인이 업무를 다른 사람에게 위임할 줄 모르고, 혼자 모든 것을 해결하려고 하다가 자신을 죽음으로 내모는 경향이 있다. 혼자서 책임지려다 보니 이런저런 잡다한 업무에 짓눌려 갈피를 잡지 못하고 초조와 불안, 걱정, 긴장에 사로잡힌다.

업무를 위임하는 데 익숙해지기란 쉽지 않다. 나도 잘 안다. 그것은 내게도 대단히 어려운 일이었다. 엉뚱한 사람에게 권한을 맡겼다가는 자칫 재앙에 가까운 일이 발생할 수 있다는 것 역시 경험으로 알고 있다.

하지만 당신이 관리자라면, 권한을 위임하는 일이 아무리 어렵다 해도 반드시 해내야만 한다. 걱정과 긴장, 피로를 예방하기 위해서 말이다.

사업을 크게 일구고도 조직화하고, 위임하고, 관리하는 법을 배우지 못한 사람은 대개 50대나 60대 초반에 긴장과 걱정 때문에 생긴 심장질환으로 잠든다.

믿기 어렵다고? 당장 포털사이트 뉴스의 사회 면를 한번 확인해 봐라.

긴장은 습관이다. 휴식도 습관이다.
그리고 나쁜 습관은 고칠 수 있고, 좋은 습관은 들일 수 있다.

PART 04

타인의 말과 시선에
상처 받았다면

01

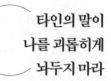

타인의 말이
나를 괴롭히게
놔두지 마라

성공은 자신이 될 수 있는 최고가 되기 위해 최선을 다했다는 것을 아는
데서 온다.

Success comes from knowing that you did your best to become the best that

you are capable of becoming.

/ 존 우든 John Wooden

　가장 친한 친구 여섯 중 한 명이 당신을 속이고 비웃음거리로
만들고 배신하고 등 뒤에 칼을 꽂는다 할지라도 자기 연민에 빠
지지는 마라. 대신 예수 그리스도가 겪었던 고난을 떠올리자.

　예수의 가장 가까운 친구이기도 했던 열두 제자 가운데 한 명
은 현재 기준으로 고작 19달러 정도의 돈 때문에 그를 배신했다.
그 가운데 또 다른 한 명은 예수가 곤경에 처하자 그를 버리고 달

아나서 세 번이나 그를 모른다고 맹세하기까지 했다.

가장 친한 친구 여섯 명 중의 한 명 꼴로 배신당하는, 이러한 일이 바로 예수에게 일어났던 것이다! 하물며 우리가 이보다 나은 결과를 기대할 수 있겠는가?

◖ 죽은 개를 걷어차는 일은 없다

1929년, 미국 교육계에 엄청난 반향을 불러일으킨 일이 일어났다. 미국 각지의 학자들이 그 순간을 두 눈으로 확인하기 위해 시카고로 몰려들었다.

일의 시작은 몇 해 전으로 거슬러 올라간다. 로버트 메이나드 허친스Robert Maynard Hutchins라는 청년이 웨이터, 벌목꾼, 가정교사, 빨랫줄 판매원으로 일하며 예일 대학교를 졸업했다.

그로부터 8년 후, 허친스는 미국에서 네 번째로 부유한 대학인 시카고 대학교에 총장으로 취임하려 하고 있었다. 당시 그의 나이는 고작 서른 살. 실로 믿기지 않는 일이었다!

나이 많은 교육자들은 고개를 가로저었다. 그 '신동'에 대한 혹평이 산더미처럼 쏟아졌다. 사람들은 너무 젊다느니, 경험이 없다느니, 비현실적인 교육관을 가졌다느니 하면서 쑥덕거렸다. 심지어 언론사들까지 비난에 동참했다.

허친스가 취임하던 날, 한 친구가 그의 아버지에게 말했다.

"오늘 아침 신문에서 아드님을 비난하는 사설을 읽고 큰 충격을 받았습니다."

허친스의 아버지는 대답했다.

"그래요, 좀 심하더군요. 하지만 죽은 개는 아무도 걷어차지 않는다는 걸 기억하십시오."

그렇다. 사람들은 중요한 사람일수록 그를 걷어차면서 만족을 느낀다.

◑ 신경 쓰지 않아도 좋은 이유 : 첫 번째

우리 대부분은 사소한 조롱이나 모욕을 지나치게 심각하게 받아들인다.

몇 년 전, 내가 진행하는 공개강좌에 참석했던 〈뉴욕 선〉 지의 기자가 나와 내 강의에 대한 비방기사를 썼다. 화가 나지 않았느냐고? 나는 그것을 사적인 모욕으로 받아들였다.

나는 〈뉴욕 선〉 지의 편집위원회 위원장 길 호지스에게 전화를 걸어 조롱하는 기사가 아니라 사실을 보도하는 기사를 실어 달라고 요구했다. 잘못에 합당한 처벌을 받게 하고 싶었다.

하지만 지금은 그런 식으로 행동했던 것을 부끄럽게 생각한다. 그 잡지를 구매했던 사람의 절반은 그 기사를 읽지 않았고, 기사를 읽은 나머지 절반의 독자들은 그것을 악의 없는 흥밋거리 기사 정도로 여겼다. 게다가 그 기사를 마음에 들어 했던 사람들조차 얼마 안 가 까맣게 잊어버렸다.

◑ 신경 쓰지 않아도 좋은 이유 : 두 번째

사람들은 당신이나 나에 대해 그다지 관심이 없다. 우리를 둘러싼 소문이나 평판에도 별로 신경 쓰지 않는다.

그들이 관심 있는 것은 단 하나, 오로지 자기 자신뿐이다! 아침을 먹기 전이나 먹고 나서나, 자정을 10분이나 넘기고 잠자리에 들기 직전까지도 사람들은 자기 자신만을 생각한다.

사람들은 당신이나 내가 죽었다는 소식보다 자신의 가벼운 두통에 천 배는 많은 관심을 기울일 것이다.

◑ 타인의 말이 나를 괴롭히게 놔두지 마라

남이 나를 부당하게 비난하는 걸 막을 방법은 없다. 그 대신 우리는 훨씬 더 중요한 일을 할 수 있다.

그 중요한 일이란, 부당한 비난이 나를 괴롭히도록 놔둘지 말지 스스로 결정하는 것이다.

한 가지는 분명하게 해두자. 나는 지금 모든 비난을 무시해버리라고 말하는 것이 아니다. 절대 그렇지 않다. 오직 '부당한 비난'만을 무시하라는 거다.

한 번은 미국 제32대 대통령 프랭클린 루스벨트의 부인이자 미국의 사회운동가 엘리너 루스벨트Eleanor Roosevelt에게 부당한 비난에 어떻게 대처하는지 물어보았다.

그녀가 그러한 비난을 얼마나 많이 받았는지는 알라도 알 것이다. 루스벨트 여사는 백악관에 살았던 그 어떤 영부인보다도 열렬한 지지자와 격렬한 반대파를 많이 가졌던 인물이었다. 그런 그녀지만, 젊은 시절에는 병적으로 소심해서 사람들이 뭐라고 말할지 항상 두려웠다고 한다.

한 날은 자신의 고모인 시어도어 루스벨트의 누나에게 조언을 구했다.

"바이 고모, 저는 이렇게 하고 싶은데 사람들이 뭐라고 할지 몰라 겁이 나요."

고모는 그녀의 눈을 바라보며 이렇게 말했다.

"네가 옳다는 걸 마음속으로 알고 있다면, 남들이 하는 말에 절대 개의치 말아라."

몇 년 후 백악관에서 살게 되었을 때, 그 조언은 지브롤터의 바위처럼 그녀를 지켜주었다.

루스벨트 여사는 내게 '모든 비난을 피할 수 있는 유일한 방법은 선반 위의 도자기 장식품처럼 그저 가만히 있는 것'이라고 말했다.

"진심으로 옳다고 생각되는 일을 하세요. 어쨌거나 당신은 비난받을 겁니다. 해도 욕을 먹을 것이고, 안 해도 욕을 먹을 거예요."

이것이 그녀의 조언이다.

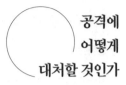

02

나는 부정적인 사람들을 무시하고 자신감과 자기 사랑의 살아있는 본보
기가 되는 법을 배웠다.

I've learned to ignore the negative people and just be a living example of
confidence and self-love.

/ 후디아 디오프 Khoudia Diop

링컨이 자신에게 쏟아지는 온갖 신랄한 비난에 일일이 대꾸하
는 것이 어리석은 일임을 깨닫지 못했다면, 남북전쟁 당시 그는
긴장감을 이기지 못하고 쓰러지고 말았을 것이다.

그가 자신에 대한 비난에 대처하는 방식을 쓴 글은 문학사의
보석이자 하나의 고전이 되었다. 맥아더 장군이 사령부에 있는
자신의 책상 위에 놓아두었으며, 처칠이 액자에 넣어 서재 벽에
걸어두고 되새기곤 했던 그 글은 다음과 같다.

"나를 향한 모든 공격의 글을 일일이 읽어볼 생각이라면 지금이라도 이 일을 그만두고 다른 직업을 찾는 게 나으리라. 비난 하나하나에 답변하는 것은 말할 것도 없다.

내가 알고 있는 한, 나는 최선을 다하고 있으며 마지막까지도 그렇게 할 것이다. 좋은 결과가 나온다면 그때는 내게 무슨 말을 했든 문제가 되지 않을 것이다. 나쁜 결과가 나온다면 그때는 열 명의 천사로부터 내가 옳았다는 말을 들어도 소용없을 것이다."

◑ 그저 웃어라

　프린스턴 대학교 강연에서 찰스 슈왑Charles Schwab Corporation
은 어느 나이 많은 독일인으로부터 배운 인생의 교훈에 관해 고
백했다.

　때는 전쟁이 한창이던 시절, 슈왑의 제철소에서 일했던 그 노
인은 다른 노동자들과의 말다툼 끝에 강제로 강물에 내동댕이 쳐
졌다. 슈왑은 이렇게 회상했다.

　"진흙과 물을 뒤집어쓴 채 돌아온 그에게 나는 당신을 강물에
집어 던진 사람들에게 뭐라고 했느냐고 물었습니다. 그러자 그
노인이 이렇게 대답하지 않겠어요? '그냥 웃어넘겼어요'라고요."

　슈왑은 노인의 그 말을 자신의 좌우명으로 삼았다고 말했다.
'그저 웃어넘겨라.'

　그 좌우명은 부당한 비난의 희생양이 되었을 때 특히 도움이
될 것이다. 말로 대응하고자 하면 꼬리에 꼬리를 물듯 말싸움이
어질 것이다.

그러나 '그저 웃어넘기는' 사람에게 대체 무슨 말을 할 수 있겠는가?

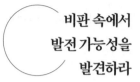

비판 속에서
발전 가능성을
발견하라

03

만약 누군가가 당신에게 솔직한 비판을 하는 것을 두려워한다면, 당신은 결코 나아지지 않을 것이다.

If someone feels afraid to tell you honest criticism, then you're never going to improve.

/ 콜 스프라우스 Cole Sprouse

어리석은 사람은 사소한 비판에도 쉽게 화내지만, 지혜로운 사람은 자신을 비난하고 꾸짖는 사람과 길을 차지하기 위해 다투는 사람에게서도 무언가를 배우려 한다.

미국의 시인 월트 휘트먼Walt Whitman은 이렇게 말했다.

"칭찬해주고 부드럽게 대하며, 선선히 길을 비켜주는 사람들에게서만 교훈을 얻었는가?

당신을 인정하지 않거나 맞서려 하거나 혹은 길을 차지하기 위해 당신과 다투는 사람들로부터 큰 교훈을 얻지는 않았는가?"

◑ 나 자신의 비평가가 되어라

적들이 우리를 또는 우리의 일을 비판할 때까지 기다리지 말고 먼저 우리 자신에게 가장 엄격한 비평가가 되어야 한다. 적들이 입을 열기 전에 약점을 찾아내 고쳐야 하는 것이다.

찰스 다윈은 실제로 그렇게 했다. 그는 자신을 비판하면서 무려 15년을 보냈다.

이야기는 이렇게 진행된다.

그가 불후의 명저 『종의 기원』을 탈고했을 때, 그는 창조에 관한 자신의 혁신적인 개념이 책으로 나오면 기존 종교와 지식계의 지축을 뒤흔들 것임을 깨달았다. 그래서 그는 자기 자신의 비평가가 되어 자료를 점검하고, 추론 과정을 엄밀히 검증하고, 자신이 내놓은 결론을 비판하면서 15년을 보냈다.

◑ 그저 배척하기만 해서는 안 된다

　누군가로부터 '바보 멍청이'라는 욕설을 들었다고 가정해보자. 당신은 어떻게 할 것 같은가. 화를 낼까, 분개할까?

　링컨은 이렇게 했다.

　당시 국방장관이었던 에드워드 스탠튼Edwin McMasters Stanton 은 한때 링컨을 '바보 멍청이'라고 불렀다. 그가 분개한 이유는 링컨이 자신의 업무에 간섭했기 때문이었다. 어느 이기적인 정치인의 뜻에 못 이겨, 링컨이 특정 연대를 이전 배치하는 데 동의했던 것이다. 이에 스탠튼은 링컨의 명령을 따르지 않았을 뿐 아니라, 바보 멍청이라고 욕설을 퍼붓기까지 했다.

　그래서 어떻게 됐을까?

　스탠튼의 말을 전해들은 링컨은 차분하게 이렇게 말했다.

　"스탠튼이 나를 바보 멍청이라고 했다니, 그렇다면 나는 바보 멍청이가 분명하군. 그는 거의 항상 옳으니 말이야. 그를 만나러 가야겠어."

링컨은 스탠튼을 찾아갔다. 스탠튼은 그 명령은 잘못된 것이었다고 링컨을 설득했고, 링컨은 명령을 철회했다. 이처럼 링컨은 지식이 뒷받침되어 있고, 도움을 주기 위한 진심 어린 비판이라면 환영했다.

우리도 그러한 비판은 기꺼이 받아들여야 한다. 우리가 하는 일이 전부 다 옳을 수는 없기 때문이다.

시어도어 루스벨트Theodore Roosevelt조차 자신은 네 번에 한 번 꼴로 잘못된 판단을 내린다고 말했다. 심지어는 이 시대의 가장 깊이 있는 사상가, 아인슈타인도 자신이 내린 결론의 99퍼센트는 잘못된 것이었다고 고백했다!

◗ 나 자신에 관해 가장 잘 아는 뜻밖의 인물

프랑스의 작가 라 로슈푸코La Rochefoucauld는 이렇게 말했다.

"우리에 관해서는, 우리 자신의 의견보다 우리 적들의 의견이 더 진실에 가깝다."

많은 경우 이 말이 옳다는 것을 알고 있으면서도, 누군가 나를 비난하기 시작하면 나도 모르게 방어적인 태도를 보이고 만다. 상대가 무슨 말을 하려는지 잠시도 생각하지 않고 즉시, 그리고 자동적으로 반응하고 마는 것이다. 그럴 때마다 나는 나 자신이 싫어진다.

우리 모두는 자신을 향하는 비난이나 칭찬이 정당한 것인지 아닌지에 관계없이, 비난은 불쾌해 하고 칭찬은 기꺼이 받아들이는 경향이 있다.

우리는 논리적인 동물이 아니다. 우리는 감정의 동물이다. 우리의 논리는 깊고 어두운, 폭풍우 몰아치는 감정의 바다 위에서 표류하는 뗏목과 같다.

누군가로부터 험담을 듣더라도 방어하려고 애쓰지 말자. 그것은 바보들이나 하는 짓이다. 그 대신 독창적이고 겸손하게 대처하자! 우리를 비난하는 사람들을 당혹게 하고 박수를 받을 수 있도록 이렇게 말하자.

"나를 헐뜯는 사람이 나의 다른 단점들을 알았다면, 지금보다 훨씬 더 심하게 나를 욕했을 거야."

앞서 부당한 비난을 받았을 때 어떻게 해야 하는지에 관해 이야기했다. 여기서는 또 다른 방법을 소개하려 한다.

부당하게 비난받았다는 생각 때문에 화가 치밀어 오른다면 잠깐 멈춰서 이렇게 말해보는 것은 어떨까?

"잠깐, 나는 완벽과는 거리가 멀지. 아인슈타인도 99퍼센트가 잘못되었다고 인정했다니, 나는 적어도 80퍼센트는 틀렸을 거야. 내가 이런 비난을 받는 건 어쩌면 당연한 일인지 몰라.

그렇다면 이 비판을 감사하게 받아들이고, 여기서 뭔가 배워보기 위해 노력하자."

◗ 비판을 두려워 말라, 적극적으로 역이용하라

어느 전직 비누 판매원의 이야기이다. 그는 비판해달라고 청하고 다니는 흔치 않은 인물이었다.

처음 그가 콜게이트Colgate 사의 비누를 팔기 시작했을 때는 주문이 많지 않았다. 그는 일자리를 잃게 될까 봐 걱정이 되었다.

비누의 품질이나 가격에는 문제가 없다는 걸 알았던 그는 분명 자기 자신에게 문제가 있을 거라고 생각했다.

상점에 영업을 나갔다가 비누를 파는 데 실패하면, 그는 무엇이 잘못되었는지 알아내려고 한참 그 주위를 서성이곤 했다.

'너무 모호하게 말하지는 않았나? 열의가 부족했나?'

때로는 상점으로 다시 들어가서 이렇게 말하기도 했다.

"다시 비누를 팔려고 온 게 아니에요. 조언과 비판을 듣고 싶어서 왔습니다. 조금 전 당신에게 비누를 팔려고 했을 때 제가 잘못한 것이 있다면 말씀해주시지 않겠습니까? 당신은 저보다 훨씬 경험도 많고 성공한 분이니, 가감 없이 말씀해주십시오. 가차 없이 비판해주셔도 좋습니다."

이러한 태도 덕분에 그는 수많은 친구들로부터 값을 매길 수 없는 소중한 조언들을 얻을 수 있었다.

그 후 비누 판매원에게 무슨 일이 일어났을지 상상이나 되는가?

그는 세계에서 가장 큰 비누 제조회사인 콜게이트 뿐 아니라, 팜올리브Palmolive, 핏숍 컴퍼니Peet Soap Company의 사장이 되었다. E. H. 리틀Little, Edward Herman이 바로 그의 이름이다.

04

증오는 적이 아닌
자신을 해친다

적에 대한 화를 불태우지 말라, 그것이 오히려 너 자신을 태울 것이다.

Heat not a furnace for your foe, so hot that it do singe yourself.

/ 셰익스피어 William Shakespeare

적을 증오하면 할수록 그들에게 우리를 지배할 힘을 주게 된다. 즉, 우리의 수면, 식욕, 혈압, 건강, 행복을 지배할 힘을 주는 것이다.

그들이 우리를 얼마나 걱정하게 하고, 괴롭히며 우리에게 앙갚음하고 있는지 알면 우리의 적들은 기쁨을 감추지 못할 것이다.

우리의 증오는 조금도 적들을 해치지 못한다.

오히려 우리의 밤낮을 지옥과 같은 혼돈에 빠뜨린다.

◑ 앙갚음에는 비용이 많이 든다

남에게 앙갚음하려다가 어떻게 자신을 해치게 될까? 방법은 다양하다. 〈라이프〉 지에 따르면, 앙갚음하려다가 도리어 자신의 건강을 잃을 수도 있다고 한다.

"고혈압 환자들이 가진 성격의 주된 특징은 분노이다. 분노가 만성화되면 만성적인 고혈압과 심장질환이 함께 발생한다."

"원수를 사랑하라."라는 예수의 말씀은 단순히 건전한 윤리론에 관한 설교가 아니었다. 그것은 20세기 의학과도 관련이 있는 것이었다. 또한 "일곱 번씩 일흔 번 용서하라."라는 말씀은 고혈압, 심장질환, 위궤양, 그 밖에 많은 질병을 예방하는 방법과 다름이 없다.

증오는 심지어 먹는 즐거움까지도 앗아간다.

성경에 다음과 같은 구절이 있다.

"채소만 먹으며 서로를 사랑하는 것이, 쇠고기를 먹으며 싸우는 것보다 낫다."

적을 향한 증오는 우리를 지치고 초조하게 하며, 외모를 망가

뜨리고 심장질환을 일으켜 수명을 단축시킨다. 이러한 사실을 우리의 적이 알게 된다면 두 손을 비비며 회심의 미소를 짓지 않겠는가?

우리의 적을 사랑할 수는 없을지라도, 최소한 우리 자신만큼은 사랑할 수 있다. 자신을 사랑함으로써 우리의 적이 우리의 행복, 건강, 외모를 지배하지 못하게 하자.

◑ 화내지 말아야 하는 이유

원수를 사랑할 정도의 성자聖者가 되기는 어렵겠지만, 우리 자신의 건강과 행복을 위해 그들을 용서하고 잊을 수는 있다. 그러는 편이 현명하다.

공자는 말했다.
"부당한 취급을 받거나 도둑을 맞더라도, 마음속에 담아두지 않는다면 아무것도 아니다."

언젠가 나는 미국의 정치가이자 제34대 대통령 아이젠하워 Eisenhower의 아들 존에게 그의 아버지가 다른 사람에 대한 미움을 키운 적이 있느냐고 물었다. 그는 이렇게 대답했다.
"천만에요. 아버지는 좋아하지 않는 사람들을 생각하느라 시간을 낭비하지 않으셨습니다."

오래된 격언 중에 이런 말이 있다.
'화낼 줄 모르는 사람은 미련한 사람이지만, 화내지 않는 사람은 현명한 사람이다.'

◗ 말로는 당신을 해칠 수 없다

　미국의 정치가이자 재정가 버나드 바루크Bernard Baruch는 윌슨, 하딩, 콜리지, 후버, 루스벨트, 트루먼 등 여섯 대통령에게 신뢰를 받은 고문관이었다. 언젠가 나는 그에게 정적들의 공격 때문에 흔들린 적은 없었는지 물어보았다. 그는 이렇게 대답했다.

　"누구도 제게 굴욕감을 주거나 뒤흔들 수 없습니다. 제가 그렇게 하도록 놔두지 않으니까요."

　우리가 그렇게 하도록 놔두지 않는 한 당신과 내게 굴욕감을 주거나 뒤흔들 수 있는 사람은 없다. 몽둥이와 돌멩이로 내 뼈를 부러뜨릴 수는 있어도 말로는 절대 내게 상처를 줄 수 없다.

　적을 용서하고 잊을 수 있는 확실한 방법은 나라는 존재와는 비교도 안 될 만큼 무한히 큰 어떤 대의大義에 몰두하는 것이다. 그렇게 되면 대의 말고는 아무것도 염두에 두지 않게 되므로, 우리를 향한 모욕과 적의는 문제 되지 않을 것이다.

◑ 섣불리 비방하지 말라

미국 역사상 링컨만큼 비난받고, 미움을 사고, 배신을 많이 당한 사람도 없을 것이다.

하지만 링컨의 법률 파트너였던 헌든의 전기에 따르면, "링컨은 절대 자신의 좋고 싫은 감정에 따라 사람들을 판단하지 않았다. 주어진 임무를 수행함에 있어, 그는 자신의 적 또한 다른 사람들과 마찬가지로 잘해낼 수 있다는 것을 알고 있었다. 자신을 헐뜯었거나 개인적으로 냉대했다 해도 적임자라고 여겨지면 링컨은 친구에게 하는 것과 다름없이 기꺼이 그를 그 자리에 앉혔다. 어떤 사람이 자신의 적이라는 이유로, 혹은 싫어하는 사람이라는 이유로 물러나게 한 적은 한 번도 없었다."라고 설명하고 있다.

링컨은 맥클레란, 슈어드, 스탠턴, 체이스 같은 자신이 고위직에 임명한 사람들로부터 비난받고 모욕당하기까지 했다.

하지만 헌든에 따르면 링컨은 '누구도 그가 한 일 때문에 칭송받거나, 그가 하거나 하지 않은 일 때문에 비난받을 수 없다'고 믿었다.

왜냐하면 '인간이란 조건, 상황, 환경, 교육, 습관, 유전의 산물이며, 이러한 것들이 우리의 현재와 미래를 결정하기 때문'이다.

링컨의 생각이 옳았다.

만약 우리가 우리의 적들과 같은 육체적, 정신적, 감정적 특징을 물려받았다면, 그리고 그들과 같은 인생을 살았더라면, 우리 또한 그들과 똑같이 행동했을 것이다.

수Sioux족 인디언들의 기도를 반복하면서 관대한 마음을 가져보자.

오, 위대한 신이여!
제가 다른 사람의 입장이 되기 전에는
그 사람을 판단하거나 비난하지 않도록 지켜주소서

그러니 적들을 미워하는 대신 그들을 동정하고, 그들과 같은 삶을 살지 않게 해주신 신에게 감사하자.

적들에 대한 비난과 원한을 품는 대신 그들을 이해하고, 동정하며, 도움을 주고, 용서하고, 그들을 위해 기도하자.

05

**감사받는 것은
당연한 일이
아니다**

결국 모든 사람은 자신이 지은 죄에 대한 대가를 치르게 된다. 이것을 기억하는 사람이라면 누구에게도 화를 내거나, 분개하거나, 욕하거나, 비난하거나, 감정을 상하게 하거나, 미워하지 않을 것이다.

In the long run, every man will pay the penalty for his own misdeeds. The man who remembers this will be angry with no one, indignant with no one, revile no one, blame no one, offend no one, hate no one.

/ 에픽테토스 Epictetus

누군가에게서 당연한 감사의 말을 듣지 못해 서운하고 화가 나 있는가? 사람들이 감사하는 것을 잊어버리는 것은 자연스러운 현상이다.

다른 사람들이 감사하는 마음을 가져주길 기대하는 것이 오히려 마음을 아프게 하는 지름길인 것이다.

◑ 기대하고 상처받은 사람들에게

얼마 전 나는 텍사스 주에서 한 사업가를 만났는데, 그는 화가 잔뜩 나 있었다. 그를 만나면 15분도 지나지 않아 왜 화가 났는지 듣게 되리라고 누군가 경고해 주었는데, 만나보니 실제로 그랬다.

그를 화나게 한 일은 11개월 전에 일어난 것이었지만, 그는 여전히 화를 가라앉히지 못하고 있었다. 그 일 말고는 다른 어떤 이야기도 나눌 수 없을 정도였다.

그러니까 11개월 전, 그는 크리스마스 보너스로 34명의 직원들에게 약 300달러씩, 총 1만 달러를 줬는데 아무도 그에게 고맙다는 인사를 하지 않았다는 것이었다. 그는 몹시 화가 나서 이렇게 말했다.

"그들에게 단 한 푼이라도 줬다는 사실이 후회스럽소!"

"성난 사람은 언제나 독으로 가득 차 있다"라는 공자의 말대로, 독이 잔뜩 오른 그의 모습은 솔직히 불쌍해 보일 지경이었다.

오늘날, 생명보험회사들은 평균적으로 80세에서 현재 나이를 뺀 것에 2/3를 조금 넘긴 나이로 수명을 예측한다. 그는 예순 살 정도였으니, 운이 좋다면 대략 14년 내지 15년 정도 더 살 것이다. 지난 일로 속상해하고 분개하느라 얼마 남지 않은 인생에서 거의 1년을 허비한 것이다. 나는 그가 측은했다.

그는 분노와 자기 연민에 빠져있을 것이 아니라 '왜 본인이 감사의 표현을 듣지 못했는지' 자문해봤어야 했다.

어쩌면 급여는 충분히 주지 않으면서 일은 과하게 시켰는지도 모른다. 어쩌면 직원들은 자신들이 받은 크리스마스 보너스를 선물이 아닌 당연히 받아야 할 대가로 여겼을지도 모른다. 혹은 그가 너무 깐깐하고 가까이하기 힘든 사람이라 아무도 감히 고맙다고 말할 엄두를 내지 못했을 수도 있다. 어떤 직원들은 어차피 세금으로 나갈 돈을 보너스로 받은 것이라 생각했을지도 모른다. 다른 한편으로는 정말로 그 직원들이 이기적이고, 야비하고, 경우 없는 사람들일 수도 있다. 이럴 수도 있고, 저럴 수도 있다.

당신과 마찬가지로 나도 그 일에 관해 자세히 알지 못한다. 하지만 영국의 시인 겸 평론가 새뮤얼 존슨Samuel Johnson의 이 말은 기억하고 있다.

"고마움은 숭고한 수양의 열매다. 저속한 사람들에게서는 찾을 수 없는 것이다."

내가 하고자 하는 말의 요점은 이것이다.

그 사람은 감사를 기대하는, 인간적이고도 괴로운 실수를 저질 렀다. 그는 단지 인간의 본성을 잘 알지 못했던 것이다.

당신이 한 사람의 목숨을 구했다고 치자. 그에게서 감사의 말을 듣게 되리라 기대하는가? 아마도 그럴 것이다.

판사가 되기 전 유명한 형사사건 전문 변호사였던 새뮤얼 라이보비츠Samuel Simon Leibowitz는 전기의자에서 죽음을 맞을 뻔했던 사형수들의 목숨을 구해주었다. 한 명도 아니고 무려 78명의 목숨을 말이다!

그중 몇 명이나 라이보비츠를 찾아가 감사 인사를 했을 것 같은가? 크리스마스 카드 한 장이라도 보낸 사람은?

그렇다. 아무도 없었다.

어느 날 예수가 10명의 나병 환자를 치료해주었다. 하지만 그중 몇 명이나 예수를 찾아가 감사 인사를 했을까?

단 한 명뿐이었다.

누가복음에는 예수가 그의 제자들을 돌아보며 묻는 장면이 있다.

"나머지 아홉 명은 어디에 있느냐?"

그들은 모두 도망가고 없었다. 고맙다는 말 한마디 없이 사라져버린 것이다.

당신에게 묻겠다.

나, 당신, 혹은 텍사스 주의 그 사업가가 작은 친절을 베풀었다는 이유로 예수 그리스도가 받은 감사보다 더 큰 감사를 받길 기대할 수 있을까?

만약 친척에게 백만 달러를 준다면 그가 고마워하길 기대하는가?

19세기 후반 철강왕으로 불리던 미국의 사업가이자 자선가 앤드류 카네기Andrew Carnegie의 경우를 보자. 만약 카네기가 살아 돌아온다면, 그의 친척이 자신을 욕하는 것을 보고 큰 충격을 받았을 것이다.

왜냐고?

카네기가 공공자선 단체에는 3억 6,500만 달러라는 돈을 기부하고서는 그 친척에게는 '고작 100만 달러밖에' 주지 않았기 때문이다.

세상이 이렇다. 인간의 본성은 언제나 그래 왔고, 그 본성은 우리가 살아있는 동안 앞으로도 절대 변하지 않을 것이다.

그러니 그대로 받아들이는 것이 어떨까?

로마제국을 통치했던 황제 중 가장 현명한 인물로 꼽히는 마르쿠스 아우렐리우스처럼 인간 본성에 대해 현실적으로 생각해보는 것이 어떤가?

그는 어느 날 자신의 일기에 이렇게 썼다.
"나는 오늘 지나치게 수다스러운 사람들과 만날 예정이다. 그들은 이기적이고, 자기밖에 모르며, 고마워하지 않는다. 그러나 나는 놀라거나 당황하지 않을 것이다. 그런 사람들이 없는 세상은 상상할 수 없으니까 말이다."

◑ 타인에게 감사를 표해야 하는 이유

수천 년 동안 부모들은 감사할 줄 모르는 자녀들 때문에 속 썩이며 머리카락을 쥐어 뜯어왔다. 심지어는 셰익스피어의 리어왕도 이렇게 외쳤다.

"은혜를 모르는 자식을 두는 것은 독사의 이빨에 물리는 것보다 더 아프다!"

하지만 부모가 아이들에게 은혜와 감사를 가르치지 않는다면 아이들이 부모에게 고마워할 이유가 있겠는가?

잡초가 그렇듯이, 은혜를 모르는 것은 자연스러운 일이다. 감사하는 마음은 한 송이 장미와 같다. 거름을 주고 물을 주고, 손질하여 가꾸고, 사랑해주고 보호해주어야 한다.

만일 우리의 아이들이 은혜를 모른다면 누구의 잘못일까?
아마도 우리 자신의 잘못일 것이다. 아이들에게 감사하는 마음을 표현하라고 가르치지 않았으면서, 어떻게 아이들에게 감사받기를 기대한단 말인가?

◑ 감사하는 마음은 길러지는 것

고마움을 아는 아이로 키우려면 우리가 먼저 다른 사람에게 고마워할 줄 아는 사람이 되어야 한다는 것을 기억하자. '아이들은 귀가 밝다'라는 옛말을 기억하며 말을 조심하자.

상황을 하나 상상해 보자. 크리스마스를 맞아 사촌 중 한 명이 당신 앞으로 선물을 보내왔다. 이 선물을 보고, 당신은 아이들이 보는 앞에서 다른 누군가의 친절을 헐뜯고 싶은 마음이 생길 수 있다. 그러나 즉각 멈춰야 한다. 절대 이렇게 말해서는 안 된다.

"사촌 ○○가 크리스마스 선물로 보내준 이 행주들 좀 봐라. 직접 짠 거잖아. 한 푼도 안 들었겠네!"

당신은 대수롭지 않게 말했을지 몰라도, 아이들은 당신의 그 부정적인 말을 귀 기울여 듣고 있다. 그러므로 이렇게 말하는 편이 좋다.

"사촌 수가 크리스마스 선물로 행주를 짜느라 얼마나 수고가 많았을까. 정말 좋은 분이지? 지금 당장 고맙다는 편지를 보내 보자."

이렇게 한다면 아이들은 은연중에 칭찬과 감사의 습관을 익히게 될것이다.

06

긍정적인 분위기는 긍정적인 행동을 취하는 데 필요한 긍정적인 태도를 길러준다.

A positive atmosphere nurtures a positive attitude, which is required to take positive action.

/ 리처드 M. 데보스 Richard M. DeVos

당신 주변과 이 세상을 더 나은 곳으로 만들기 위해 플로렌스 나이팅게일이나 사회개혁가가 될 필요는 없다. 당장 내일 아침에 만나게 될 사람들에게 작은 선의를 베푸는 일부터 시작하면 되는 것이다.

그러한 일이 대체 당신에게 무슨 도움이 되겠느냐고?

분명히 행복 그 이상의 것을 줄 것이다! 더 큰 만족감, 자신에 대한 더 큰 자부심을 줄 것이다.

아리스토텔레스는 이러한 종류의 태도를 '교화된 이기주의'라고 불렀다.

조로아스터Zoroaster는 이렇게 말했다.

"다른 사람들에게 선을 행하는 것은 의무가 아니다. 그것은 기쁨이다. 그렇게 함으로써 자신의 건강과 행복이 증진되기 때문이다."

벤저민 프랭클린은 그것을 아주 간략하게 요약했다.

"다른 사람들에게 좋은 일을 할 때, 당신 자신에게 가장 좋은 일을 하는 것이다."

뉴욕 심리상담센터의 헨리 링크Henry C. Link 소장은 그의 저서에 이렇게 썼다.

"자아실현과 행복을 위해 자기희생과 수양이 필요하다는 사실을 과학적으로 증명한 것이야말로 현대 심리학의 가장 중대한 발견이라 할 수 있다."

자신을 사랑함으로써
우리의 적이 우리의 행복, 건강, 외모를 지배하지 못하게 하자.

PART 05 | 인간관계가 막막하게 느껴진다면

01

인간관계는 화초와 같다

우리는 너무 자주 인생을 바꿀 수 있는 잠재력을 가진 촉각, 미소, 친절한 말, 경청하는 귀, 솔직한 칭찬, 또는 가장 작은 배려의 힘을 과소평가한다.

Too often we underestimate the power of a touch, a smile, a kind word, a listening ear, an honest compliment, or the smallest act of caring, all of which have the potential to turn a life around.

/ 레오 부스카글리아 Leo Buscaglia

미국의 배우이자 연출가로서 1954년과 1955년 토니상 감독상과 남우주연상을 연속 수상한 알프레드 런트Alfred Lunt는 〈빈에서의 재회〉에서 주연을 맡았을 당시, "나에게 가장 필요한 것은 나의 자존감에 자양분을 주는 일"이라고 말했다.

혹시 당신은 자녀나 친구, 직원들의 외적인 상태에는 관심을 두고 있지만 그들의 자존감을 키우는 데는 무관심하지 않은가?

소고기에 감자 요리를 권하며 기력을 쌓으라고는 하지만, 새벽 별을 보며 노래를 불렀던 추억처럼 몇 년 동안 기억 속에 간직하게 될 정다운 말을 해주는 데는 몹시 인색하지 않은지 돌아볼 일이다.

◑ 처음으로 백만 연봉자가 된 비결

찰스 슈왑은 미국 비즈니스 역사상 최초로 백만 달러 이상의 연봉을 받았던 인물이다(소득세도 없었고 일주일에 50달러를 벌면 제법 벌이가 좋다고 생각되던 시절이었다).

그는 철강왕 앤드류 카네기에게 발탁되어 1921년에 U.S.스틸의 초대회장이 되었다. 당시 그의 나이는 불과 38세였다(훗날 그는 어려움을 겪고 있던 베들레헴 스틸로 이직하여 그곳을 미국에서 가장 수익률이 높은 기업으로 재건해내기도 했다).

앤드류 카네기가 찰스 슈왑에게 연봉 백만 달러, 즉 하루에 3,000달러 이상의 보수를 주었던 이유는 무엇이었을까?

슈왑이 천재여서?

아니다.

제철에 관해 다른 사람보다 많이 알고 있어서?

말도 안 된다.

그는 내게 제철에 관해 자신보다 더 많이 아는 직원이 많다고 말했었다.

슈왑은 자신이 사람을 다룰 줄 알기 때문에 그처럼 높은 연봉을 받는다고 말했다.

나는 그에게 그 비결을 물어봤다. 여기에 그가 털어놓은 바를 그대로 옮겨보겠다. 동판에 새겨서 집집마다, 학교마다, 가게나 사무실마다 걸어놓아야 할 말이다. 아이들은 라틴어 동사의 변화나 브라질의 연간 강우량 따위를 외우느라 낭비하는 시간에 이 말을 외워야 마땅하다. 만약 이 말을 실천한다면 우리는 완전히 다른 삶을 살게 될 것이다.

"제게는 사람들의 열정을 불러일으키는 능력이 있습니다. 제가 가진 것 중 가장 훌륭한 자산이지요. 사람들에게서 최선의 능력을 끌어내기 위해 필요한 것은 바로 칭찬과 격려입니다.

비난만큼 사람들의 사기를 꺾고 의욕을 잠재우는 것도 없지요. 그보다는 일하고자 하는 동기를 부여하는 것이 중요하다고 생각합니다.

그래서 저는 절대로 사람들을 비난하지 않습니다. 어떻게 하면 칭찬할지를 고민하지, 잘못을 지적하지는 않으려 합니다. 누군가 제 마음에 드는 일을 하면 진심으로 인정하고 칭찬을 아끼지 않습니다."

이것이 바로 슈왑의 비결이었다.

하지만 대부분의 사람들은 완전히 반대로 한다.

마음에 안 드는 일이 있으면 당장 큰소리를 치지만, 마음에 들 때는 아무 말도 하지 않는다.

02

타인에게
상처를 주지 마라

주변 사람들에게 관심을 갖지 않는 사람은 살아가면서 많은 고난을 겪고, 타인에게 큰 상처를 준다. 인류의 모든 실패는 바로 이런 사람들에게서 기인한다.

It is the individual who is not interested in his fellow men who has the greatest difficulties in life and provides the greatest injury to others. It is from among such individuals that all human failures spring.

/ 알프레드 아들러 Alfred Adler

상대에게 상처를 주는 것으로는 변화를 이끌어낼 수 없을뿐더러, 그것을 요구할 수도 없다.

매일 눈에 잘 띄도록 거울에 오려 붙여놓은 오래된 경구가 하나 있다.

'삶이라는 이 길은 딱 한 번 지나갈 수 있다. 그러므로 선행이나 친절을 베풀 수 있다면, 지금 당장 그것을 하도록 하자. 나는 미루거나 게을리하지 않을 것이다. 왜냐하면 다시는 이 길을 지나갈 수 없기 때문이다.'

에머슨은 말했다.

"내가 만난 모든 사람이 어떤 방면에서 나보다 뛰어난 점이 있다. 그러므로 나는 모든 사람에게서 배운다."

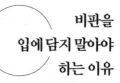

비판을
입에 담지 말아야
하는 이유

03

우리는 인정을 원하는 만큼 비난과 단죄를 두려워하고 겁낸다.

As much as we thirst for approval, we dread condemnation.

/ 한스 셀리에 Hans Selye

비판은 쓸모가 없다.

이는 사람을 방어적으로 만들며, 자신을 정당화하기 위해 안간
힘을 쓰게 한다.

비판은 위험하다.

이는 사람의 소중한 자존심에 상처를 주고, 그의 가치를 훼손
하여 적의를 불러일으키기 때문이다.

나를 힘들게 한 건 언제나 나였다

◗ 꿀을 얻고 싶으면 벌통을 걷어차지 마라

최초의 백화점을 설립한 존 워너메이커John Wanamaker는 내게 이런 고백을 한 적이 있다.

"저는 이미 30년 전에 타인을 질책하는 것이 어리석은 짓이라는 걸 깨달았습니다. 하나님께서 모두에게 지적 능력을 공평하게 나눠주지 않으신 것을 불만스러워 하기보다는, 나 자신의 한계를 뛰어넘으려고 노력했습니다."

워너메이커는 이 교훈을 일찌감치 깨달았으나, 개인적으로 나는 30여 년간 시행착오를 거듭한 끝에 다음과 같은 사실을 깨달았다.

그것은 아무리 큰 잘못을 저질러도 100명 중 99명은 자신을 비난하지 않는다는 사실이다.

◗ 하나님도 사람이 죽기 전까지는 심판하지 않을진대……

사람을 대할 때면, 눈앞의 상대가 결코 논리적인 존재가 아님을 명심하자. 우리는 감정의 동물을 상대하고 있다. 그들은 자존심과 허영심에 의해 자극받아 행동하는, 편견으로 가득 찬 존재이다.

영국 문학을 풍요롭게 한 위대한 소설가 중 한 명인 토마스 하디Thomas Hardy가 영원히 작품 활동을 하지 않게 된 것은 혹독한 비평 때문이었다.

또한 혹평은 영국 시인 토마스 채터튼Thomas Chatterton을 자살로 몰고 갔다.

젊은 시절 벤저민 플랭클린은 자신의 성공 비결에 대해 이렇게 말했다.

"남의 험담은 하지 않습니다. 내가 아는 모든 사람에 대해 좋은 말만 하려 하지요."

영국의 평론가이자 역사가인 토마스 칼라일Thomas Carlyle은 말했다.

"대인의 위대함은 소인을 대하는 태도에서 나타난다."

누군가를 질책하는 대신, 이해하려고 노력하자. 왜 그런 행동을 했는지 이유를 알아보자. 그편이 비판하는 것보다 더 유익하고 흥미롭다. 그리고 공감, 관용, 친절로 이어진다.

모든 것을 알게 되면 모든 것을 용서하게 된다.

04

우리는 우리에게 관심을 주는 사람에게만 관심을 가진다.

We are interested in others when they are interested in us.

/ 푸블릴리우스 시루스 Publilius Syrus

친구를 사귀고 싶다면 다른 사람들을 위한 어떤 일을 해야 한다. 즉, 이타심과 순수함으로 타인을 위해 자신의 시간과 에너지를 쓸 수 있어야만 한다.

윈저공Duke of Windsor, 공식 칭호는 '에드워드 8세Edward Ⅷ'이나 1936년 퇴위 후 '윈저공'으로 불리었다이 영국 황태자이던 시절, 남미를 순방할 계획이 잡혔다. 그는 그곳의 언어로 연설하기 위해 여행에 앞서 몇 달 전부터 스페인어를 공부하기 시작했다. 덕분에 그는 그곳 사람들로부터 큰 사랑을 받았다.

나는 몇 년 전부터 주위 사람들의 생일을 반드시 알아내고 있다. 어떻게 하느냐고? 나는 점성술에 관해 문외한이지만, 상대방에게는 생일이 사람의 성격이나 기질과 관계가 있다는 말을 믿는지 물으며 이야기를 꺼낸다. 그리고 나서 태어난 날을 묻는다.

가령 상대가 11월 24일이라고 말하면 "11월 24일, 11월 24일……."이라고 되뇐다. 그리고 그가 시선을 돌렸을 때 이름과 생일을 되는대로 적어두었다가 나중에 수첩에 옮겨적는다.

매년 새해가 시작되면 수첩에 적어놓은 상대의 이름과 생일을 달력에 옮겨 적어 저절로 눈길이 가도록 한다. 그리고 누군가의 생일이 다가오면 편지를 쓰거나 전보를 보내는 것이다.

이 방법은 그야말로 히트를 쳤다! 가끔은 내가 그의 생일을 기억하고 연락해준 유일한 사람이 된 경우도 있었다.

친구를 얻고 싶다면 활기차고 열성적인 태도로 상대를 대하라. 누군가가 전화를 걸어오면, '당신의 전화를 받게 되어 더없이 기쁘다'라는 듯 밝은 어조로 "여보세요!"라고 말하자.

실제로 많은 기업이 열성적인 태도로 통화하라고 그들의 전화 상담원들을 훈련시키고 있다. 전화를 건 사람으로 하여금 자신이 관심받고 있다고 느끼도록 하기 위해서다.

이제 전화벨이 울릴 때마다 이 사실을 상기하라.

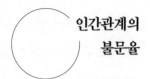

05

성공의 비결이 하나 있다면, 나 자신의 입장만큼이나 타인의 입장을
이해하고, 그의 관점에서 바라보는 능력이다.

If there is any one secret of success, it lies in the ability to get the other
person's point of view and see things from that person's angle as well as from
your own.

/ 헨리 포드 Henry Ford

인간의 행위와 관련된 많은 중요한 법칙 가운데서도 손꼽을 만
한 한 가지가 있다. 이 법칙에 순응하면 절대 곤란을 겪지 않을
것이다. 하지만 이 법칙을 어기면 계속해서 문제가 터지게 된다.

그 중대한 법칙이란 바로 이것이다.

상대가 자신이 중요한 사람이라고 느끼게끔 대접하라.

미국의 철학자이자 교육학자 존 듀이John Dewey는 중요한 존재가 되고자 하는 욕망은 인간 본성의 가장 깊숙한 충동이라고 말했다.

　윌리엄 제임스는 "인간 본성에 있어서 가장 근본적인 원칙은 인정받고자 하는 갈망이다"라고 말했다.

　앞서 지적했듯 이 욕망이야말로 인간과 동물을 구분 지어 주는 것으로서, 인간의 문명은 이로 인해 발전되어 왔다.

　철학자들은 수천 년 동안 인간관계의 규칙에 관해 사색한 끝에 한 가지 중요한 교훈에 도달했다. 그것은 새로울 것도 없는 교훈이다. 역사만큼이나 오래된 것이다.

　지금으로부터 2,600년 전에 조로아스터는 페르시아에서 이것을 제자들에게 가르쳤다. 25세기 전에 공자는 중국에서 이것에 관해 설파했다.

　도교의 창시자인 노자도 중국의 한수이漢水 강 계곡에서 이것을 제자들에게 가르쳤다.

　예수가 이 세상에 오기 500년 전에 석가모니는 이것을 성스러운 갠지스 강가에서 설파했다.

그리고 예수는 유대의 바위 언덕에서 이것을 가르쳤다. 예수는 이것을 간추려 한 가지 사상으로 만들었다. 아마 세상에서 가장 중요한 법칙일 것이다.

'남에게 대접받고자 하는 대로 남을 대접하라.'

◑ 칭찬은 언제 어디서나

당신은 만나는 사람들로부터 인정받기를 원한다. 사람들이 자신의 진정한 가치를 알아주기를 원한다. 당신이 사는 그 작은 세상에서만큼은 중요한 사람이라는 느낌을 받고 싶다.

그렇다고 해서 마음에도 없는, 입에 발린 좋은 말을 듣고 싶지는 않을 것이다.

당신이 진정 원하는 것은 진심 어린 칭찬이다. 동료나 친구들이, 찰스 슈왑의 말처럼 '아낌없이 진심으로 칭찬해주기를' 바란다. 그렇다, 비단 당신뿐 아니라 우리 모두가 원하는 것이 바로 이것이다.

그러니 황금률을 지키자.

내가 대접받고자 하는 대로 다른 사람을 대접해주자.

어떻게? 언제? 어디서?

정답은 바로 '언제, 어디서나'이다.

06

미움받지 않고
비판하는 법

사람을 존경하라, 그러면 그는 더 많은 일을 해 낼 것이다.

Respect a man, he will do the more.

/ 제임스 오웰 James Howell

세 글자로 된 단어 하나를 어떻게 쓰느냐에 따라, 다른 사람을 불쾌하게 하거나 화나게 하지 않고 원하는 일의 성패를 바꿀 수 있다.

그 단어는 바로 '하지만'이다.

진심 어린 칭찬으로 잘 시작된 이야기가 '하지만'이라는 한 단어를 기점으로 비판으로 넘어가, 결국 지적하는 말로 끝나고 만다. 대개 그렇다.

예를 들어, 공부에 관심이 없는 아이를 바꿔보기 위해 부모는 이렇게 말할 것이다.

"이번 학기에 성적이 올랐더구나. 정말 자랑스러워. '하지만' 수학 공부를 조금만 더 열심히 했다면 결과는 지금보다 더 좋았을 거야."

'하지만'이라는 말을 듣기 직전까지, 아이는 상당히 고무되어 있었을 것이다. 그러나 이어진 말로 인해 부모가 한 말의 저의를 의심하게 된다.

즉, 칭찬은 이야기를 꺼내기 위한 수단이었을 뿐이며, 진짜 하려던 말은 실패에 대한 비판이었다고 여기게 되는 것이다.

결국 신뢰성은 땅에 떨어지고, 공부에 대한 아이의 태도를 바꿔보려던 원래 목적조차 실패로 돌아가고 만다.

원래 하려던 말은 그런 의도가 아니었는데, 제대로 전달할 방법이 없을까? '하지만'을 '그리고'로 바꾸면 문제는 간단히 해결된다.

"이번 학기에 성적이 올랐더구나. 정말 자랑스러워. '그리고' 다음 학기에도 성실하게 노력하면 수학 성적도 다른 과목만큼 좋아질 거야."

자, 이제 아이는 당신의 칭찬을 진심으로 받아들일 것이다. 실패를 떠올리게 하는 말이 뒤따르지 않았기 때문이다. 바뀌었으면 하는 부분에 대해 간접적으로 주지시키면서, 아이가 부모의 기대에 부응하도록 노력하게끔 만든 것이다.

타인에게 하는 말도 이와 같은 방식이다.

◗ 꼭 흠을 잡아야겠다면, 이렇게 시작하라

캘빈 쿨리지John Calvin Coolidge 대통령 재임 시절에 백악관에서 주말을 보내고 온 친구가 있다. 그는 백악관을 구경하다가 대통령 개인 집무실에서 쿨리지 대통령이 비서에게 다음과 같이 말하는 소리를 듣게 되었다고 했다.

"오늘 아침에 입은 옷이 참 예쁘군. 자네는 아주 매력적인 여성이야."

'과묵한 칼'이라는 별명으로 불리기도 했던 쿨리지 대통령이다. 그러니 비서에게 있어서 이 말은 대통령이 해준 가장 따뜻한 칭찬이었을 것이다.

너무나 뜻밖이었던지라 비서는 당황한 나머지 얼굴을 붉혔다. 그러자 쿨리지가 말했다.

"너무 자만하지는 말게. 자네 기분 좋아지라고 한 소리야. 자, 그럼 이제부터는 구두점을 사용하는데 좀 더 주의를 기울여주길 바라네."

그의 이러한 대화 방식은 너무 노골적이긴 했으나, 심리학적으로는 굉장히 훌륭한 방식이었다.

장점에 대한 칭찬을 듣고 나면 불편한 이야기를 듣기가 조금
더 수월해지는 법이다.

   기억하자. 이발사는 손님에게 면도를 해주기 전에 먼저 비누
거품을 낸다.

07

누구에게나
좋게 말해주자

우리는 우리에게 관심을 주는 사람에게만 관심을 가진다.

We are interested in others when they are interested in us.

/ 푸블릴리우스 시루스 Publilius Syrus

일을 잘하던 직원이 갑자기 엉터리로 일하기 시작하면, 당신은 경영자로서 어떻게 하겠는가? 그냥 해고해 버릴 수도 있겠지만, 그런다고 문제가 개선되지는 않는다. 호되게 꾸짖어볼 수도 있으나, 대개 원망만 사게 된다.

헨리 헨케는 인디애나 주의 로웰에서 대형 트럭 대리점의 서비스 매니저로 일하고 있었다. 그가 관리하는 정비사 중 한 명이 점점 더 일을 만족스럽지 못하게 처리하자, 그는 호통치거나 위협하는 대신 정비사를 사무실로 불러 솔직한 대화를 나누었다.

"빌, 당신은 훌륭한 정비사예요. 오랫동안 이 일을 해왔고, 수많은 차를 수리해서 고객을 만족시켰죠. 사실 그 동안 당신 덕분에 우리 회사가 칭찬을 많이 들었어요.

그런데 요즘 들어서 일하는 속도가 느려지고 결과도 예전만 못하네요. 워낙 뛰어난 정비사이기 때문에 제가 이 상황에 만족하지 못한다는 점도 알아줬으면 해요. 해결 방법을 함께 모색하면 문제를 바로잡을 수 있을 겁니다."

빌은 자신이 맡은 일을 제대로 못 하고 있다는 걸 몰랐다고 대답하며, 앞으로는 개선된 모습을 보이겠노라고 다짐했다.

빌은 정말 그렇게 했을까? 물론 그렇게 했다. 그는 다시 신속하고 철두철미한 정비사가 되었다. 헨케가 전해준 그에 관한 평판 때문에, 과거에 견주어 부끄럽지 않도록 노력하게 되었던 것이다.

볼드윈Baldwin 철도의 사장이었던 새뮤얼 버클레인은 이렇게 말했다.

"사람들은 대개 자신이 존경하는 사람이 자신의 능력을 존중

해주면 그에 쉽게 따르는 법이다."

　간단히 말해, 누군가의 특정한 부분을 향상시키고 싶다면 그 부분이 이미 그 사람의 뛰어난 점인 듯 행동하라는 것이다.

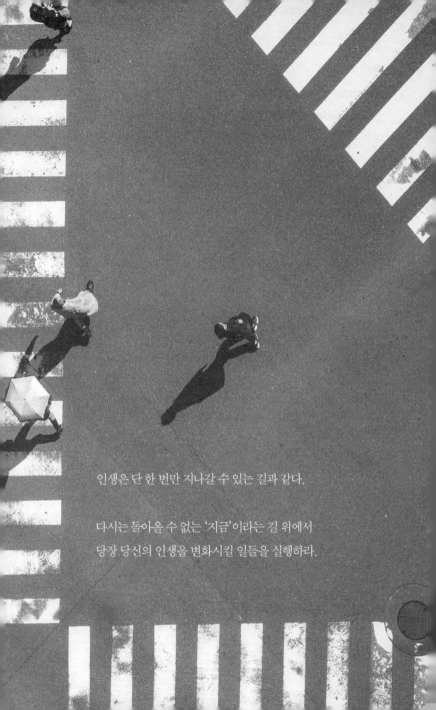

인생은 단 한 번만 지나갈 수 있는 길과 같다.

다시는 돌아올 수 없는 '지금'이라는 길 위에서
당장 당신의 인생을 변화시킬 일들을 실행하라.

옮긴이 김지영

중앙대학교 영어영문학과를 복수전공하고, 십여 년간 해외 영업 및 통번역 분야에 종사하였다. 다큐멘터리, 드라마 등 수십 편의 영상물을 번역하였으며 현재는 영국에서 아이들을 가르치고 있다. 『걱정 버리기 연습』등을 번역하였다.

나를 힘들게 한 건 언제나 나였다

초판 1쇄 인쇄일 2021년 12월 7일 • 초판 1쇄 발행일 2021년 12월 17일
지은이 데일 카네기
옮긴이 김지영
총괄기획 정도준 • 편집 최희윤 • 마케팅 김현주
표지일러스트 황정원
펴낸곳 (주)도서출판 예문 • 펴낸이 이주현
등록번호 제307-2009-48호 • 등록일 1995년 3월 22일 • 전화 02-765-2306
팩스 02-765-9306 • 홈페이지 www.yemun.co.kr

주소 서울시 강북구 솔샘로67길 62 코리아나빌딩 904호

ISBN 978-89-5659-431-6 03190

*본 도서는 『나를 힘들게 한 건 언제나 나였다』(2015년, 예문)의 리뉴얼 판입니다.